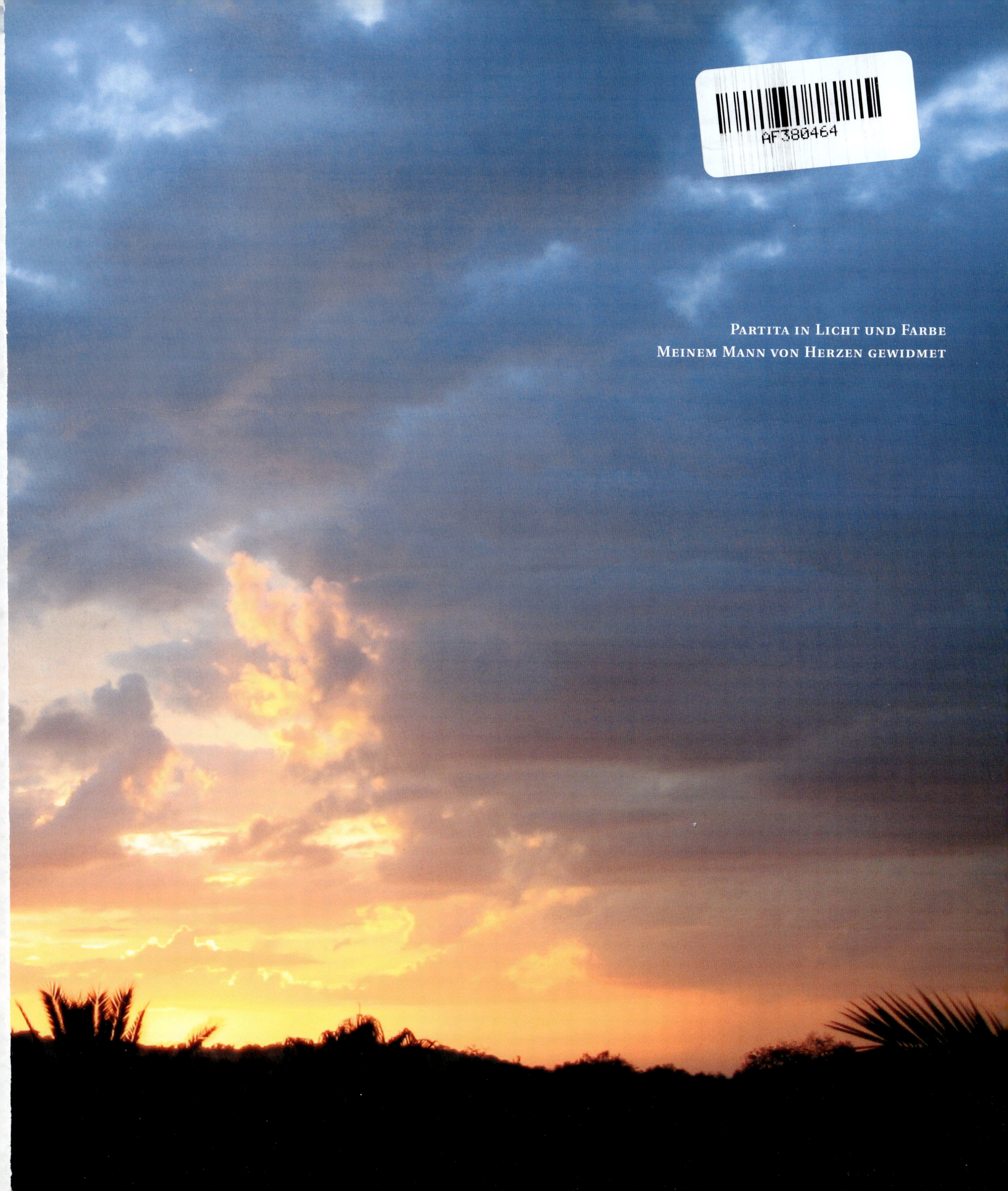

Partita in Licht und Farbe
Meinem Mann von Herzen gewidmet

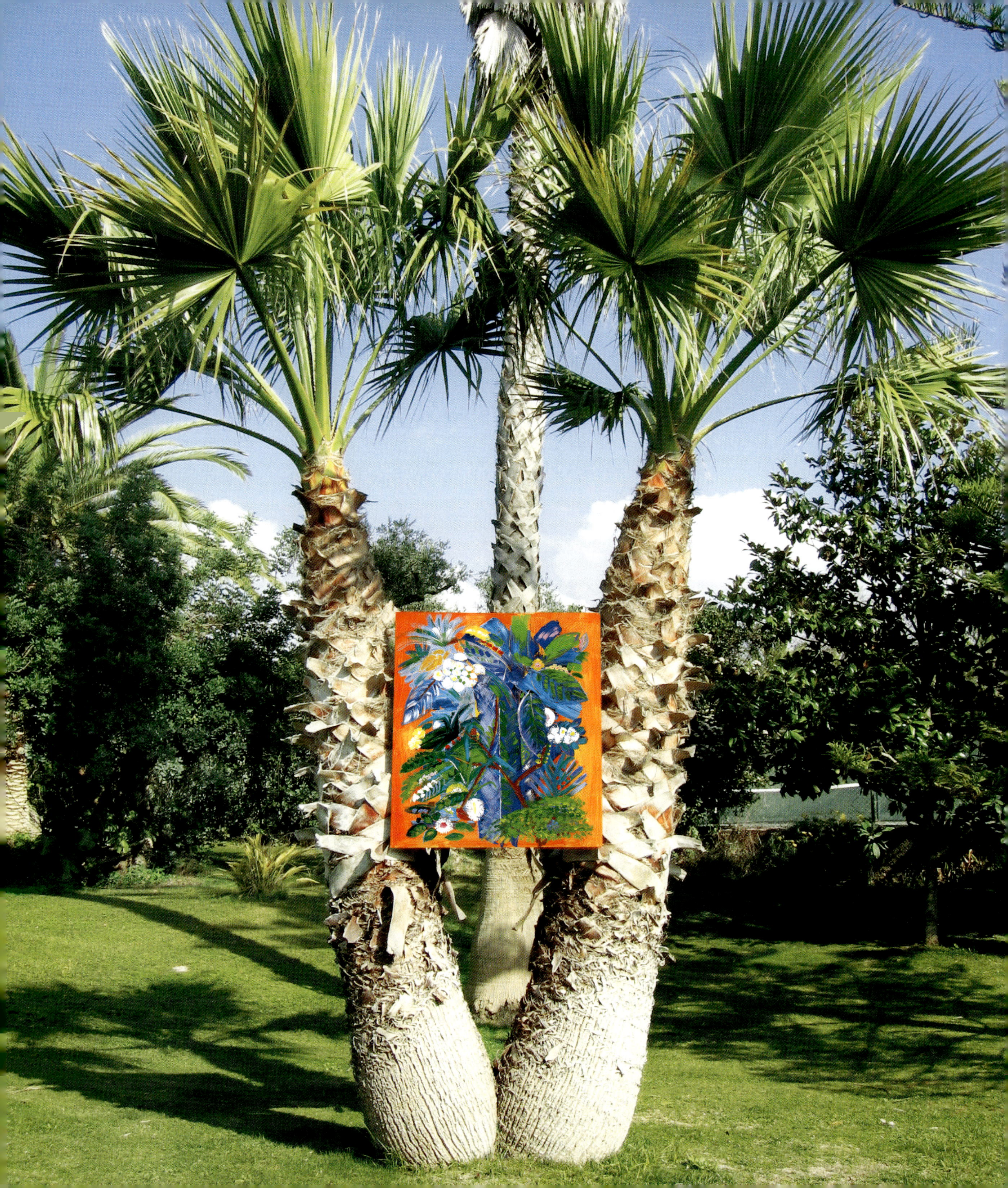

Rita Adolff-Wollfarth

Partita in Licht und Farbe

HIRMER

Danksagung / Acknowledgements

Die Künstlerin dankt folgenden Institutionen, Unternehmen
und Personen für die Unterstützung ihrer Gemäldeausstellung
in der Residenz München.
The artist would like to thank the following institutions,
companies and individuals for their support in the exhibition
of paintings in the Munich Residenz.

S. E. Dr. João de Vallera, Botschafter von Portugal
Dr. h. c. mult. Hans Zehetmair, Staatsminister a. D,
    Vorsitzender der Hanns-Seidel-Stiftung
Dr. Elmar Zorn, Kunsthistoriker

Honorarkonsulat von Portugal in München
ICEP Portugal, Ing. Rui Boavista Marques
Süddeutsche Zeitung

BANKHAUS LAMPE
BAYERN LB
CIVITAS International Management Consultants GmbH
COUTTS BANK VON ERNST Ltd., Florian Seidel
DCM Deutsche Capital Management AG
ROLAND BERGER & PARTNER
SIEMENS AG
UBS Deutschland AG

EVISCO AG, Jürgen Hausmann, Götz Schulz-Temmel
HIRMER Verlag, Jürgen Kleidt
MEDIAPICTURE, Sven Rahn
RESIDENZVERWALTUNG, Günter Graml

Gerd Dettling
Martin Dominik
Dr. Joceline Filzen
Tuncay Genceller
Barbara Herles
Ulrich Kletzke
Saskia Helena Kruse
Ingrid Taylor

Impressum

© 2006 Texte und Werke Rita Adolff-Wollfarth
© 2006 Gesamtherstellung Hirmer Verlag, München

Bibliografische Information der Deutschen Bibliothek
Die Deutsche Bibliothek verzeichnet diese Publikation in der
Deutschen Nationalbibliografie; detaillierte bibliografische
Angaben sind im Internet über <http://dnb.ddb.de> abrufbar.

Übersetzungen ins Englische Ingrid Taylor, Margaret Fryer
Gestaltung Saskia Helena Kruse | kruse², München
Lithografie ReproLine Genceller GmbH, München
Druck Printer Trento (Italien)
Papier Garda matt 150 g/qm

ISBN 7-7774-3155-9

Umschlagabbildung *Galaktischer Dialog* (Ausschnitt), 2005,
    Öl auf Leinwand, 100 x 80 cm, siehe Seite 89

Inhalt / Contents

GRUSSWORT

Die Wiederentdeckung der Romantik in der zeitgenössischen Kunst ist als eine Art Neuausrichtung auf das Individuum, die Gefühle und die Landschaft bezeichnet worden. So stellt sich auch die Ausstellung »PARTITA IN LICHT UND FARBE« dar, in der die Künstlerin Rita Adolff-Wollfarth die Wege zur »vita semplice der portugiesischen Landschaften – ein Impuls des mütterlichen Erbes« beschreitet. Der singuläre Blick der Künstlerin verleiht der scheinbaren Unauffälligkeit der portugiesischen Landschaft große Ausdrucksstärke und gibt sie in üppigen und dichten Strukturen wieder. Fast immer mit intensiven Farben, mit dem Geschmack des Südens, und mit nahezu allgegenwärtigen Spuren ihrer portugiesischen Vorstellungswelt.

Die Titel der Werke sind im übrigen durchdrungen von Anspielungen, in denen man Faro, den Botanischen Garten, die Strände von Ancão und Falésia wieder erkennt. Ein Anker in einem Algarve, das vor drei Jahrzehnten von der Künstlerin entdeckt wurde – erst nachdem sie mit dem Preis der Stadt Osaka, im Jahr der legendären Expo 1970 ausgezeichnet worden war, und die heute ihre Arbeit in einem Atelier an der Algarve, in Santa Bárbara de Nexe, konzentriert.

Und so nehme ich mit großer Freude Anteil an dieser Ausstellung von Frau Rita Adolff-Wollfarth in der klassischen *Residenz* in München. In gewisser Weise steht diese Ausstellung für die starken und vielfältigen Bande, die sich seit langem zwischen Deutschland und Portugal entwickeln, den beiden Ländern, die auf so unauslöschliche Weise Spuren im Werk der Künstlerin hinterlassen.

DR. JOÃO DE VALLERA
Botschafter der Portugiesischen Republik

SAUDAÇÃO

A redescoberta do Romantismo na Arte Contemporânea foi já classificada como uma espécie de refocagem no indivíduo, nos sentimentos e na paisagem. Assim se afigura também a exposição "Partita em Luz e Cor", com a artista Rita Adolff-Wollfarth a assumir os caminhos para a "vita semplice da paisagem portuguesa – um impulso da herança materna". A aparente simplicidade da paisagem portuguesa ganha expressão através do olhar singular da artista, que se traduz em texturas ricas e densas. Quase sempre com cores intensas, com sabor a Sul, e com quase ubíquas marcas do seu imaginário português.

Os títulos das obras são, aliás, perpassados por referências em que se reconhecem Faro, o Jardim Botânico e as praias do Ancão e da Falésia. Uma âncora num Algarve há três décadas descoberto pela autora – já depois do Prémio Cidade de Osaka, com o qual foi distinguida no ano da lendária Expo 1970 –, que hoje tem o seu trabalho concentrado no atelier algarvio que mantém em Santa Bárbara de Nexe.

É, assim, com grande prazer que me associo a esta exposição de Rita Adolff-Wollfarth, na clássica Residenz, de Munique, de alguma forma exemplar expressão dos fortes e diferenciados laços que há muito se desenvolvem entre a Alemanha e Portugal, os dois países que, de forma tão indelével, deixam marca na obra da artista.

DR. JOÃO DE VALLERA
Embaixador de Portugal na Alemanha

FOREWORD

The rediscovery of Romanticism in contemporary art has been described as a form of re-alignment towards the individual, emotions and landscape. The exhibition 'Partita in Light and Colour' is so presented, with the artist Rita Adolff-Wollfarth embarking on the paths to the 'vita semplice of the Portuguese landscape, inspired by her maternal heritage.' This artist's highly individual view lends the seeming ordinariness of the Portuguese landscape great expressive power and reproduces it in luxuriant and dense structures; almost always with intense colours, with the flavour of the South, and almost omnipresent traces of her Portuguese imaginative world.

The titles of the works are also shot through with allusions, in which Faro, the Botanical Garden, the beaches of Ancão and Falésia are detectable; a bolt-hole in an Algarve which the artist discovered three decades ago – not before she had been honoured with the City of Osaka prize in the year of the legendary Expo 1970. She now works mainly from a studio in the Algarve, at Santa Bárbara de Nexe.

And so it gives me great pleasure to take part in this exhibition by Ms Rita Adolff-Wollfarth at the classical Residenz in Munich. In a way this exhibition represents the strong and varied links forged over a long period between Germany and Portugal – the two nations which have left such indelible traces in the artist's work.

DR. JOÃO DE VALLERA
Ambassador of the Republic of Portugal

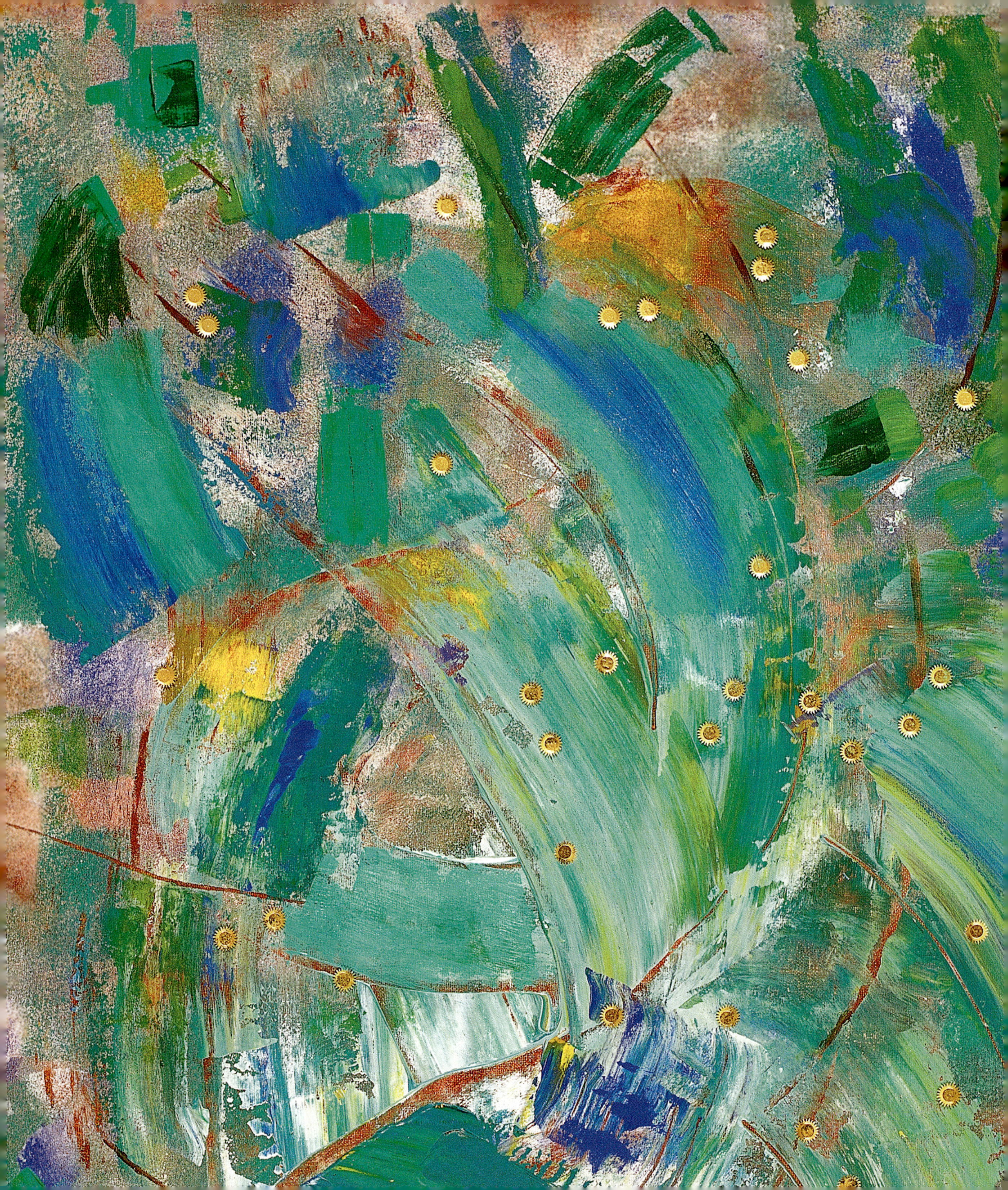

Zum Geleit

Mit der Ausstellung »Partita in Licht und Farbe« gibt die Künstlerin Rita Adolff-Wollfarth Einblick in ihr reiches künstlerisches Schaffen. Die tiefe und anrührende Beziehung zu Portugal ist in all ihren Bildern spürbar. Ihre Bilder zeichnen sich durch Lebendigkeit und Vielschichtigkeit aus. Sie bleiben nicht am Oberflächlichen stehen, sondern lassen den Betrachter eintauchen in eine Welt, die Harmonie und Optimismus ausstrahlt. Bewusst bedient sie sich dabei unterschiedlicher Stilrichtungen.

Rita Adolff-Wollfarth benutzt die Malerei nicht als gesellschaftskritisches Instrument. Vielmehr beabsichtigt sie, mit ihren Bildern beim Betrachter ein Gefühl der inneren Freiheit und Unbeschwertheit zu vermitteln. Die Anordnung der Farben ist nicht dem Zufall überlassen, sondern beruht auf dem Wissen um die Farbwirkung. Ihre Bilder sind, wie sie selbst sagt, an die transparent klare Form einer Partita von Bach angelehnt. Klare und eindringliche Formen, sowie subtile, nach innen gerichtete Farbempfindungen und die Umsetzung von Licht in Farbe sind kennzeichnend für das künstlerische Schaffen von Rita Adolff-Wollfarth. Das gekonnte Spiel der Farben verleiht den Bildern eine tiefe Ausstrahlung.

Von Pablo Picasso stammt der Satz: »Kunst wischt den Staub des Alltags von der Seele.« Diese Erfahrung wünsche ich allen Besucherinnen und Besucher dieser Ausstellung in der Münchner Residenz.

DR. H. C. MULT. HANS ZEHETMAIR
Staatsminister a. D.
Vorsitzender der Hanns-Seidel-Stiftung

Preface

In 'Partita in Light and Colour', Rita Adolff-Wollfarth gives us a wonderful insight into her rich and creative output. Her deep and emotional relationship with Portugal is very present in all her pictures. One is immediately aware of their great energy and depth. As an observer, we are guided beyond the surface, entering into a world that radiates harmony and optimism. In achieving her effect, the artist explores a number of different stylistic directions.

Rita Adolff-Wollfarth does not use painting as a tool for criticising society. Rather she seeks to engender in the observer a feeling of inner freedom and lightness. There is nothing arbitrary about her use of colour, instead it is based on a thorough understanding of its effects. As she herself says, her pictures are inspired by the transparent, clear form of a Bach partita. Characteristic of Rita Adolff-Wollfarth's art are clear, vivid forms, subtle, inward-oriented colour sensations and her interpretation of light in colour. A clever interplay of colours lends her pictures a compelling power.

It was Pablo Picasso who said, "Art washes away from the soul the dust of everyday." I hope that all visitors will find that experience here in this exhibition at the Munich Residenz.

DR. H. C. MULT. HANS ZEHETMAIR
Minister in the Bavarian Government, retd.
Chairman of the Hanns-Seidel-Stiftung

Neue, alte Malerei fern des Trends

München leuchtet – in den Farben seiner Malerinnen und Maler. Kaum ist das Großereignis der umfassenden Ausstellung der Werke von Franz Marc als dem Mittelpunkt des »Blauen Reiter«, der wichtigsten der von München ausgehenden Bewegungen der Modernen Kunst in der Städtischen Galerie im Lenbachhaus zu Ende gegangen, da präsentiert die Hypo Kunsthalle den anderen, gleichrangigen Aufbruch der Moderne mit der Malerei von Karl Schmidt-Rotluff, Erich Heckel und Otto Müller in einer vier Monate dauernden Präsentation von »100 Jahre Brücke«, der in Dresden seinen Anfang nahm. Im benachbarten Schauraum der Galerie Wittenbrink in den 5 Höfen, dem neuen eleganten urbanen Zentrum Münchens, wird die »Sprache der Farben« den Flaneuren gezeigt, mit Bildern junger Künstler, die eine alte Technik benutzen: durch die Bindung der Pulverpigmente mit Eiweiß lassen sie die Farben intensiver strahlen als sonst. In der nahen Bayerischen Staatsbibliothek feiert man unter dem Titel »Farbenspiele« vor einem erlesenen Kennerpublikum die höchst sensible Farbigkeit in Friedrich Danielis Künstlerbüchern, dieses in New York, Venedig und Wien lebenden bayerischen Weltbürgers. Und die Leitung zeigt sich stolz darüber, dass sie immer wieder die gegenwärtige Auseinandersetzung der Künstler mit den Grundlagen der Farbgebung aufgreift, wie vorher mit der Ausstellung der Künstlerbücher des sich seine Farben aus Halbedelsteinen herausschlagenden bayerischen, in Italien lebenden Malers Helmut Dirnaichner. Während sich der aus Kolbermoor in Oberbayern stammende Maler Andreas Legath, der am besten mit dem Wort »leuchtend düster« charakterisiert wird, auf die große Ausstellung seiner Landschaftsmalerei in der Galerie der Landesbank in der Briennerstraße im Juli vorbereitet, desgleichen der am eindrucksvollsten von Farbe besessene aller Wiener Maler, Julian Taupe, in der 2art Galerie Prannerstraße, wartet die Münchner Residenz mit der Veranstaltung einer Ausstellung von Bildern auf, wie sie sinnstiftender in Anbetracht der gesteigerten Aufmerksamkeit der Kunstwelt für die traditionellen Werte großer Malerei hätte kaum platziert werden können. Unter dem Titel »Partita in Licht und Farbe« stellt Rita Adolff-Wollfarth über 70 ihrer neuen, zwischen 2004 und 2006 entstandenen Gemälde aus; ein Ereignis, das der Neubewertung der Fundamente der Malerei, eben des Lichtes und der Farbe, neue Impulse zu geben vermag. Der Zusammenhang all der oben genannten Ausstellungen wird deswegen hergestellt, weil in einer Situation, in der die Bewunderung für die amerikanische Malerei eines Eric Fischl oder Alex Katz und der neuen Leipziger Malerei verdeckt, dass das Erbe des deutschen Expressionismus, der Neuen Sachlichkeit, der frühen Bauhausmalerei vor dem 2. Weltkrieg und später solcher deutschen Akademien wie der in Karlsruhe weiter virulent ist und durch andere Foren weitergetragen wird als die der sich dem Trend verschreibender Kunstmessen.

Eine Schule des Sehens

Bei der ersten Begegnung mit den Gemälden von Rita Adolff-Wollfarth springt dem Betrachter eine unerhörte Intensität der Farbe an. Unerhört, weil wir alle einem täglichen, nicht endenden Staccato diversester Bildeindrücke, natürlicher und künstlicher, ausgesetzt sind. Eigentlich müssten wir also licht- und farbgesättigt, wenn nicht gar abgestumpft sein. Doch hat unsere Wahrnehmung die Fähigkeit zum Empfang und zur Erkenntnis außergewöhnlicher Licht- und Farbbotschaften behalten – vorausgesetzt, der Sender der Botschaften hat ihnen genügend Kraft einflößen können. Rita Adolff-Wollfarths Bilder besitzen diese Kraft, sind stark genug aufgeladen dafür. Die Künstlerin schafft es – das ist schon auf den ersten Blick ersichtlich – in der Wahl des Motivs, in Farb- und Bildkomposition die Verzauberung, die sie in und durch die Natur erfuhr, in die Mittel ihrer Gestaltung zu übersetzen. Dieser magische Akt der Kunstproduktion ist programmatisch angelegt. Die Künstlerin erzählt in ihrer licht- und farbgewaltigen Beschwörung von einer überwältigenden Natur, von der lebendigen Landschaft der Gärten, Parks, Seen, Lagunen, Meere, Ströme, Inseln und schließlich Galaxien, dieser denkbar weitesten aller Landschaften. Das Gemälde »Merlins Garten« (35) etwa saugt geradezu suggestiv den Betrachter in ein Farbentheater sich wölbender Baumkulissen, Teichböden und Blumenwände ein. Der dem größten Magier unserer abendländischen Mythen- und Sagengeschichte, Merlin, zugeschriebene Zauber wird verwandelt in den Zauber des Kunstherstellung, denn mit dem Sog in das Innere des Zaubergartens geraten wir in den Bann der Mittel der Künstlerin: materialisierter Farbe und Licht. Die Faszination, von der die Malerin sichtbar ergriffen ist, teilt sich uns auf der Leinwand mit. Solch programmatische Erzeugung von Magie im Medium des Tafelbildes lässt sich exemplarisch im Gemälde des

New old painting gives trends a wide berth

Munich is glowing – in the colours of its painters. At the Städtische Galerie at Lenbachhaus a major event has only just ended: the comprehensive exhibition of the works of Franz Marc, a leading exponent of the 'Blauer Reiter' movement, the most important modern art movement to come out of Munich. Hot on the heels of this, the Hypo Kunsthalle is staging an equally important display of modernism, with the paintings of Karl Schmidt-Rotluff, Erich Heckel and Otto Müller, in a four-month presentation of '100 Years of Die Brücke', which originated in Dresden. In the neighbouring exhibition room of the Wittenbrink gallery in the 5-Höfe complex, Munich's new, elegant and urbane centre, city strollers are shown the 'Language of Colour', with pictures by young artists who use the old technique of binding powdered pigments with egg-white to make the colours glow more strongly than they would other-wise. At the Bavarian State Library nearby, under the title 'Colour Games', a select group of connoisseurs can view a celebration of the extremely sensitive coloration of the artist's books of Friedrich Danielis, a cosmopolitan Bavarian who lives at New York, Venice and Vienna. The organisers are clearly proud that they constantly address the engagement of artists today with the fundamentals of coloration, as was previously done in the exhibition of the artist's books of the Bavarian painter Helmut Dirnaichner, who lives in Italy and whose use of colour is inspired by semi-precious stones. Andreas Legath, a painter from Kolbermoor in Upper Bavaria, whose work can most aptly be characterised with the words 'subdued glow', is preparing for the major exhibition of his landscapes at the Landesbank Gallery in Briennerstrasse in July; similarly, Julian Taupe, impressively the most colour-obsessed of all the Viennese painters, at the 2art Gallery in Prannerstrasse. Meanwhile, the Munich Residenz is providing an exhibition of painters which could hardly have been better placed to stimulate the mind and senses, given the art world's increased interest in the traditional values of great painting. Under the title 'Partita in Light and Colour', Rita Adolff-Wollfarth is displaying over 70 of her new paintings dating from between 2004 and 2006. This event will give new impetus to the re-evaluation of the fundamentals of painting, namely light and colour. There is a reason why a con-nection is being made between all the above exhibitions. This is that the admiration for the American painting of an Eric Fischl and Alex Katz and the new Leipzig painters obscures the fact that the heritage of German Expressionism, Neue Sachlichkeit, the early pre-WW2 Bauhaus painting and later of German academies such as Karlsruhe, is gaining in influence, and that this is being promoted at forums other than the trend-dominated art fairs.

A school for seeing

At the first encounter with the paintings of Rita Adolff-Wollfarth, the viewer is struck by the unprecedented intensity of their colour. Unprecedented, because we are all exposed to a daily incessant staccato of the most diverse images both natural and artificial, and must therefore be saturated, if not actually stupe-fied, with light and colour. Yet our perception still has the capacity to receive and recognise exceptional messages of light and colour – provided that the messenger has managed to infuse them with sufficient power. Rita Adolff-Wollfarth's images possess this power, and their electrical charge is strong enough. The artist succeeds – as the first glance makes clear – through the choice of motifs, through the composition of colour and image – in trans-lating the enchantment which she experienced in and through nature into her designs. Such a magical act of art production follows a programmatic scheme. The artist conjures up nature as an overwhelming force, using the power of colour and light to give a narrative of a living landscape of gardens, parks, lakes, lagoons, oceans, rivers, islands, and ultimately galaxies, the widest con-ceivable landscapes. The painting 'Merlin's Garden' (35), for exam-ple, almost suggestively absorbs the observer into a theatre of colour, the overarching treescapes, pond floors and floral walls. The magic ascribed to Merlin, the greatest magician of our West-ern myths and legends, is transformed into the magic of creating art; as we are sucked inside the magic garden we fall under the spell of the artist's methods: colour and light made material. She – the painter – uses the canvas to share with us the fascina-tion that so visibly grips her. This programmatic production of magic through the medium of a painted panel is best seen in the painting 'Jardim Mágico' (16). Here, the magic arises through switching the visual planes. If the painting's expression consisted only of the lower half of the picture we would have a scene of a beautiful lily-pond in the early twilight, and no more. But this idyll is complicated by the gradation of water, sky, island, hanging plants, and the order of foreground and background is mixed in

»Jardim Mágico« (16) ablesen. Hier entsteht der Zauber durch die Vertauschung der Bildebenen. Bestände nämlich die Bildaussage nur aus der unteren Hälfte des Gemäldes, hätten wir zwar eine wunderschöne Seerosenteich-Situation bei beginnender Dämmerung vor uns, mehr auch nicht. Doch wird diese Idylle verwirrt durch die Staffelung von Wasser, Himmel, Insel, hängenden Pflanzen, und in ein so unerwartetes wie raffiniertes Spiel der Anordnung von Vorder- und Hintergrund versetzt. Bei dieser sich zusätzlich öffnenden Dimension bleibt so der Zauber ein Geheimnis. Der Kunstgriff der Verwirrung wird noch einmal ins Extreme gesteigert bei zwei Gemälden, die zu den bemerkenswertesten der Künstlerin zählen können: »Halluzination« (10) und »Spirituell« (11). In beiden ereignet sich im Kontext von Seerosenteich-Szenen eine Art Grenzüberschreitung, nämlich der Übergang von der Materialität der Farbe zur Immaterialität des Lichtes, das bekanntlich in der Malerei nur indirekt darstellbar ist. Der Moment der Auflösung des Stoffes wird in den Nuancen weißer Acrylfarbenmischungen so subtil inszeniert, wie das seit den hingehauchten Stimmungen im französischen Impressionismus, etwa in Claude Monets Seerosen-Panorama, oder in William Turners lyrischen, sich atmosphärisch auflösenden Farbnebeln, schließlich in den fein kolorierten ornamentalen Skizzen des Wiener Jugendstils nicht mehr zu erleben war.

Die Künstlerin deutet in diesen Werken an, wie sie das Stoffliche und das Geistige in der Vergegenwärtigung des Lichts zusammen wirken sieht. Das »Geistige in der Kunst« erfährt so auf ganz andere Weise Gestaltung als Kandinsky dies zu strukturieren versuchte. Doch bei ihren Vorstellungen von Synästhesie zwischen Farbe und Klang treffen sich die Absichten beider Künstler. Bei der Betrachtung von »Halluzination« und »Spirtuell« drängt sich der Gedanke an Claude Debussys verwehende Klang-Pastiches wie etwa im »Nachmittag eines Fauns« geradezu auf. Und schließlich weist der Titel der Ausstellung von Rita Adolff-Wollfarth, »Partita in Licht und Farbe«, deutlich auf ihre die Künste miteinander verwebende Grundeinstellung hin. So präsentieren sich die Werke als eine Schule des Sehens und evozieren, wie sich bei einem Gang durch die Ausstellungsräume auf erfrischende Art erweist, eben auch Geräusche und Klänge neben den optischen Eindrücken.

Volle Entfaltung malerischer Möglichkeiten

In den Wellen-Gemälden von Rita Adolff-Wollfarth lässt sich eine solche Anmutung akustischer Evokationen verfolgen, wenn über die malerisch erfasste Dynamik der bewegten See hinaus im Augenblick des mythischen Anbrandens der Wellen an die Strandfelsen (»Neptun's Children«, 40), im mächtigen Aufrollen der Wellen-Berge und Täler (»Welle«, 45 und »Japanische See«, 63) oder des blutrot gefärbten, bedrohlich auf den Betrachter zurasenden Strudels (»Tsunami«, 58) Assoziationen von ihrem klatschenden, röhrenden, mahlenden und ohrenbetäubenden Lärm freigesetzt scheinen als einer Art Partitur für ihre virtuelle rhythmische Geräuschentfaltung. Dem Spiel zwischen der Transparenz des Stoffes Wasser und der festen Wucht einer Welle, ähnlich der nicht fassbaren Luftigkeit des Lichtes und seiner handgreiflichen Wirkung im Leuchten der Farben in der Natur, entspricht auch das Changieren der Künstlerin zwischen der figurativen und der abstrakten Abbildung. Wenn das Gegenständliche noch durch die Bewegung fallenden Wassers und der darüber liegenden Gischtwolke hindurch erkennbar ist, aber schon übergeht in eine abstrakte Strukturierung der Bildfläche durch Farbschichten wie in »Kaskaden« (29), so wird in einem schon minimalistisch zu nennenden Ansatz grob gelb und weiß gespachtelten Farbauftrags, der von Franz Kline sein könnte, die Darstellung einer »Gläserne Sonne« (44) fast nur noch durch den Titel imaginierbar. Die Künstlerin erweist sich gerade auch in diesem kleinen Meisterwerk als eine Vollblutmalerin, die souverän über die komplette Bandbreite malerischer Möglichkeiten verfügt. Es ist ja auch nicht bei diesem Ausflug in die Welt abstrakter Bildkomposition geblieben. Ein nicht unbeträchtlicher Teil ihres Werkes entzieht sich dem Figürlichen. In ihrem Gemälde »Faro bei Nacht« (60) erscheinen die dunkelblauen, roten und dunkel grünen, horizontal rechteckigen Farbblöcke wie jene auf den Gemälden amerikanischer abstrakter Malerei der 1950er Jahre, etwa von Mark Rothko. Auch hier gibt erst der Titel einen Hinweis, dass es sich um den Eindruck der nächtlich beleuchteten portugiesischen Stadt Faro zwischen einer dunklen Wasserfläche und einem Nachthimmel handelt.

Gänzlich ohne Bezug zu einer aufzurufenden Gegenständlichkeit breitet sich bei der Arbeit »Herzschlag« (59) ein rotes Farbgerüst auf pinkgrünem Hintergrund aus – eine schockhafte

an unexpected and subtle interplay. In the opening up of this additional dimension the magic thus remains an enigma. The artistic tour de force of confusion is taken to even greater extremes in two paintings which could be classed among the artist's most remarkable works: 'Hallucination' (10) and 'Spiritual' (11). In both of these the lily-ponds are the setting for a form of crossing of the boundaries, of the transition from the material nature of colour to the immaterial nature of light, which we know art can represent only indirectly. The moment of the dissolution of substance is subtly presented through the nuances of white acrylic paint in a way which has not been experienced since the whispered moods of French Impressionism, such as Claude Monet's lily-pond panoramas, or William Turner's lyrically atmospheric mists of dissolving colour, or ultimately the finely-coloured ornamental sketches of the Viennese Jugendstil.

In these works, the artist indicates how she sees the material and the spiritual interacting in giving light visual form. The 'spiritual in art' thus comes into being by a method quite distinct from that used by Kandinsky in his attempt to structure it. But her ideas of the synaesthesia between colour and sound meet both objectives. Who can see 'Hallucination' and 'Spiritual' without being reminded of Claude Debussy's drifting sound pastiches, like the 'Après-midi d'un faune'? And finally, the very title of Rita Adolff-Wollfarth's exhibition, 'Partita in Light and Sound', clearly points to her fundamental view that the arts are interwoven. Thus, the works are presented as visual training, a school for seeing, and also evoke noises and sounds besides visual impressions, as a stroll through the exhibition rooms so refreshingly proves.

A FULL UNFOLDING OF THE POSSIBILITIES OF PAINTING
The wave-paintings of Rita Adolff-Wollfarth allow this suggestion of evoked sound to be taken further. Through the dynamism of the turbulent sea captured in painting at the moment of the mythic crashing of the waves on the rocky shore ('Neptune's Children', 40), in the mighty forward surge of the wave-mountains and wave-valleys ('Wave', 45 and 'Japanese Sea', 63) or of the blood-red tinge of the vortex rushing threateningly towards the viewer ('Tsunami', 58), the associations of their clapping, roaring, grinding and ear-splitting din seem unleashed as a form of musical score for her virtual rhythmic development of sound. The play

between the transparency of water as a substance and its other property in the form of the solid force of a wave, like the intangible airiness of light and its tangible effect in the glow of the colours of nature, is also paralleled in the artist's alternation between figurative and abstract illustration. The representational element is still discernible in the movement of falling water and of the overlying cloud of spray, but merges into the abstract structuring of the surface of the image through layers of colour as in 'Cascades' (29). The minimalism of the 'Glass Sun' (44), with yellow and white paint crudely applied with a spatula, in a manner reminiscent of Franz Kline, leaves only the title to suggest what is depicted. In this small masterpiece, the artist shows herself to be a full-blooded painter, with a sovereign mastery of the entire range of options open to the artist. This is not the only excursion into the world of abstract pictorial composition. A not inconsiderable part of her work is distanced from figural art. In her painting 'Faro at Night' (60), the dark blue, red and dark green horizontal rectangular blocks of colour stand out as they do in the American abstract paintings of the 1950s, such as Mark Rothko's. Here again, only the title gives a clue that this is an impression of the Portuguese city of Faro lit up at night, between the dark surface of the water and the night sky.

In 'Heartbeat' (59), which makes no reference whatever to any evocation of the representational, a red scaffolding of colour is spread out over a pink-green background – a shocking colour combination, which the early Gerhard Richter might also have devised, but which recognisably stands in its own right. In 'The Other Dimension' (66) and 'Ice-Blue Light' (65) elements of the informal and Cubist quotations from ages long past seem to blaze the trail. Here, however, there is no sense of inferiority to past generations; instead there is a fresh presence of colour and light which could be described as the artist's trademark. This is a critically invigorating approach to the heritage of modernism, from Impressionism through Expressionism to the once avant-garde works of abstract painting, just as in music a composer who is equally gifted as a pianist is always a better interpreter of a classical piece than a 'mere' pianist, because every second he is playing he as it were re-invents the music set before him.

Farbkombination, die auch der frühe Gerhard Richter hätte ersinnen können, die aber Eigenständigkeit erkennen lässt. In »Eisblaues Licht« (65) und »Die andere Dimension« (66) scheinen Elemente des Informel und kubistische Zitate aus lang vergangenen Zeiten sich Bahn zu brechen – freilich auch hier ohne eine Spur von Epigonentum, sondern im Gegenteil mit einer Frische der Farb- und Lichtpräsenz, die man geradezu als ein Markenzeichen dieser Künstlerin bezeichnen möchte. Es gelingt ihr, mit dem Erbe der Moderne, von Impressionismus über Expressionismus zu den ehedem avantgardistischen Auftritten abstrakten Malerei, kritisch belebend umzugehen, so wie in der Musik ein pianistisch ebenbürtiger Komponist dem Nur-Pianisten beim Interpretieren eines Klassikers immer überlegen sein wird, weil er während seines Spiels jede Sekunde die vorgegebene Musik gewissermaßen neu erfindet.

Ein Fest des Lichtes und der Farbe
Letzten Endes aber stellt Rita Adolff-Wollfarth ihr stupendes Maltalent in den Dienst ihres großen Lebensthemas: der Landschaft und der Natur, also dem Vegetativen. Pflanzennatur und konstruktives Bild markieren schließlich auch die Schnittstelle ihrer wiederholten Rückkehr von den Ausflügen ins Abstrakte zur Pflanzlichkeit: »Vegetative Spiegelungen« (34) ist hierbei programmatischer Titel sowie das Bild »Voodoo in abstrakt« (12). Das Gemälde »Galaktischer Dialog« (5) hingegen könnte den Betrachter zum Grübeln darüber veranlassen, ob die Kräfte des Vulkanischen, des Anorganischen und des Stellarischen, die in den Farben eines glühenden Rot und eines hellen Ocker das Bildgeschehen dominieren, wobei sie dem Organisches signalisierenden Grün nur am Bildrand Platz geben bei diesem ungleichen Aufeinandertreffen des Makrokosmos der Milchstraße und des Mikrokosmos der Pflanze, nicht doch die Matrix darstellen für einen Kosmos der Abstraktion und damit des Spirituellen. Warum aber es über all die beschriebenen Qualitäten der Malerin hinaus ein wahres Vergnügen bedeutet, diese Ausstellung ihrer jüngsten Werke in der Münchner Residenz zu erwandern, hat mit ihrem besonderen Gespür für die Austarierung der Farben gerade in ihrer denkbar stärksten Leuchtkraft zu tun. Dieses Gespür verdankt Rita Adolff-Wollfarth, sofern erlernbar, zu einem von ihr hochgeschätzten Teil den großen Lehrern Erich Heckel und HAP

Grieshaber aus ihrer Zeit als Studentin an der Kunstakademie in Karlsruhe. Sie hat sich in deren Werken wiedergefunden und findet wiederum deren Werke in den ihrigen, auch wenn es kaum formale Ähnlichkeiten gibt. Tatsächlich erschließt sich im Werk der Künstlerin der Geist dieser beiden so wichtigen Vorgänger und damit verbunden die Selbstverpflichtung der Künstlerin zur malerischen Ehrlichkeit.

Wer alle diese Evokationen der dschungelhaft wilden oder der kultivierten botanischen Gärten in der tropischen Buntheit auf sich wirken lässt wird an die anderen Landschaftsmaler der Moderne denken müssen, die dem Licht Marokkos oder Tahitis sowohl huldigten als auch diesem Licht die Schönheit ihrer Schöpfungen verdankten. In der malerischen Umsetzung der durch die einzigartige Klarheit des Lichtes an der Algarve so schreiend leuchtenden Farbenpracht zeigen dies etwa die Bilder »Nature vive« (13), in »Quetzal's Flowers« (32), in »Kakadu Forest« (20), in »Tropical Heat« (50), in »Floras Punk« (39), in »See der Semiramis« (42) und – glorios in der Doppelung von Garten und Kunst – »Reziproke Gärten« (1). So stellt es für einen solchen Typus der Malerei, der die Werte großer europäischer Traditionen der Moderne in die Zukunft tragen möchte, einen Glücksfall dar, dass diese bislang in ihrer Münchner Heimat viel zu wenig bekannte Malerin sich nicht nur als eine so große Meisterin ihres Faches erweist, sondern dass ihre portugiesische Wahlheimat sie beschenkt hat mit demjenigen Übermaß, welches dieses Land an der Atlantikküste, vor allem an der Algarve zu vergeben hat: nämlich mit exzessivem Licht und mit exzessiver Farbe. Das ihr gegebene Geschenk gibt sie nun mit dieser optisch wie musikalisch so harmonisch rhythmisierten Ausstellung den Besuchern weiter. Es ist daher zu wünschen, und auch zu fordern, dass mit ihrem Opus, mit dieser Partita, das gleiche geschieht wie mit jeder wahrhaft guten Komposition: sie wird immer wieder neu und belebend anders aufgeführt.

DR. ELMAR ZORN

Der Autor, promovierter Literatur- und Kunsthistoriker, war Kunstreferent im Kulturreferat der Stadt München, später u.a. Künstlerischer Leiter der Wiener Festwochen, Vorstand der Kunstinitiative »Art in Nature« in Paris/Mailand und Kunstkurator der Bundesgartenschau 2001 in Potsdam. Er unterrichtet Kunstmanagement an der Universität Innsbruck, ist in Wien als wissenschaftlicher Direktor des Museums Arterra wie der Academia Fundamenta tätig und lebt als Publizist in München und Traunstein.

Finally, however, Rita Adolff-Wollfarth places her astounding talent as a painter at the service of her life's great theme: landscape and nature, i.e. the vegetative. The vegetative nature of plants and the constructive image ultimately also mark the interface between her recurrent returning from excursions into the abstract to the nature of plants: 'Vegetative Reflections' (34) is the programmatic title here, as is the picture 'Voodoo in Abstract' (12). The painting 'Galactic Dialogue' (5) might make the viewer wonder whether the matrix for a cosmos of abstraction and thus the spiritual might after all be represented in the forces of the volcanic, inorganic and stellar which dominate the picture's events in colours of glowing red and bright ochre, while she gives green – to signal the organic – only a marginal place in the picture of this unequal encounter between the macrocosm of the Milky Way and the microcosm of plants. But the reason why it is still a true pleasure to wander through this exhibition of her latest works at the Munich Residenz, even more than all these qualities, has to do with her special flair for the balancing of colours glowing at their greatest conceivable intensity – a flair, that Rita Adolff-Wollfarth owes, insofar as it can be learned, to her greatly treasured share in the great teachers Erich Heckel and HAP Grieshaber when she was a student at the Art Academy at Karlsruhe. She has rediscovered herself in their works and in turn finds their works in her own, even if there are few formal similarities. In fact, the artist's work tends to open up the spirit of these two most important precursors, and associated with it is the artist's commitment to pictorial honesty.

Those who allow all these evocations to work on them – the wild jungle or the cultivated botanical garden in their tropical colours, the expression in paint of the garishly bright glory of colours in the unique clarity of the light on the Algarve – as in 'Nature Vive' (13), 'Quetzal's Flowers' (32), 'Kakadu Forest' (20), 'Tropical Heat' (50), 'Flora's Punk' (39), in 'Lake of Semiramis' (42) and – most gloriously doubling garden and art – 'Reciprocal Gardens' (1), cannot help but be reminded of those other modern landscape painters, who both paid homage to the light of Morocco or Tahiti and owed the beauty of their creations to this light. So, it is a stroke of good fortune for this type of painting, which desires to carry the values of the great European tradition of the modern onward into the future, that this female artist, who is far too little known in her home town of Munich, should not only prove herself such a great master of her field but that her chosen homeland of Portugal should have endowed her with the selfsame exuberance of this Atlantic coastal nation, especially this Algarve landscape: excess of light and excess of colour. In this exhibition, with its harmonic rhythms at once visual and musical, she now returns the gift bestowed on her to the viewer. So it is desirable, even a necessary requirement, that her opus, this partita, should undergo the same process as any truly good composition: to be presented in an ever-new and invigorating fashion.

DR. ELMAR ZORN

The author, who holds a doctorate in the history of literature and art, was the official adviser on art to the department of cultural affairs of the City of Munich, and was later, among other things, the artistic director of the Vienna Festival, Chair of the art project 'Art in Nature' Paris/Milan and the art curator of the Federal Horticultural Exhibition at Potsdam in 2001. He teaches art management at the University of Innsbruck, works in Vienna as academic director of the Arterra Museum and also of the Academia Fundamenta, and lives in Munich and Traunstein where he is a publicist.

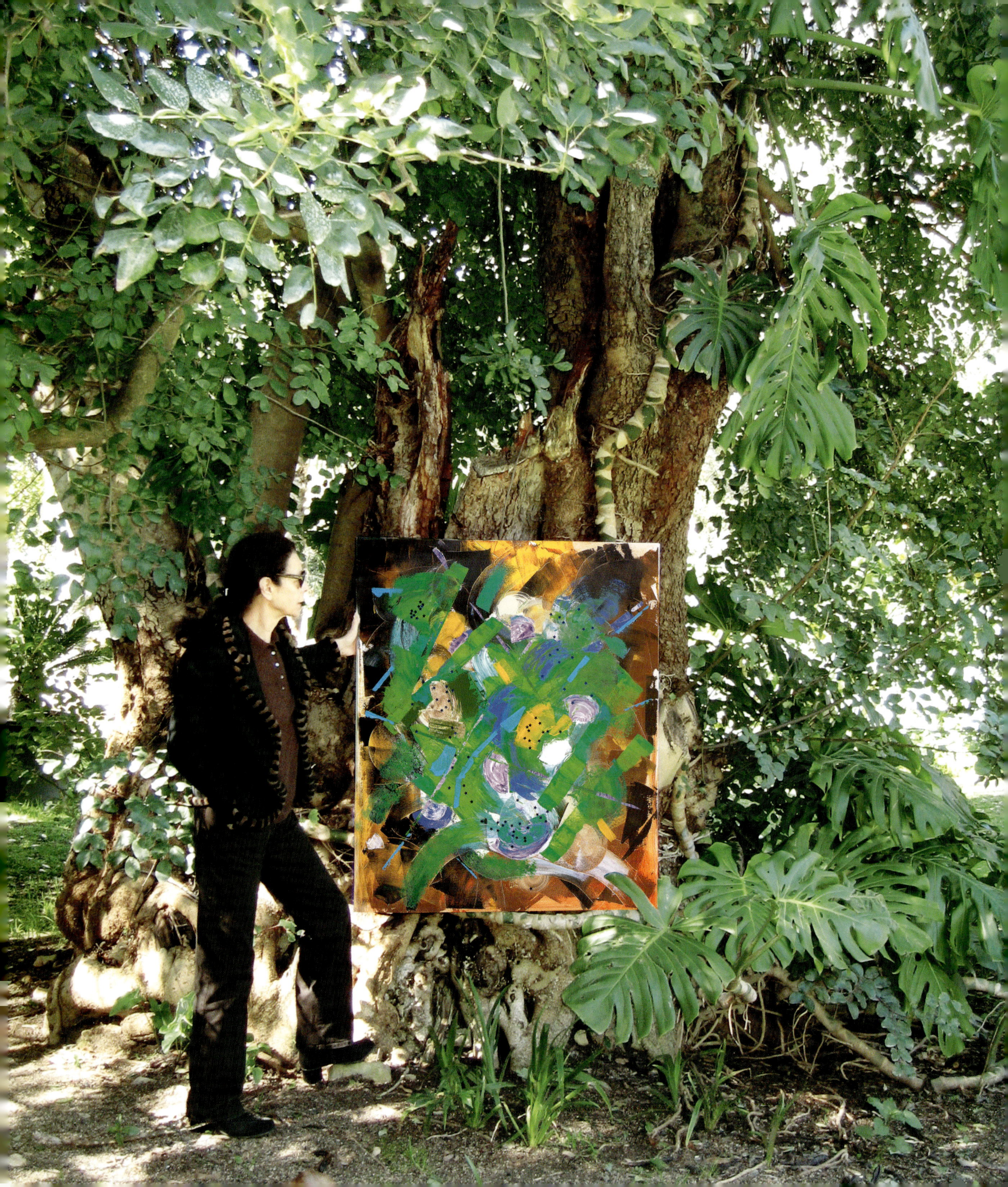

Die Künstlerin

Im Bereich des Oberrheins mit seinen vielen kulturellen Brennpunkten in einer gebildeten Unternehmerfamilie aufgewachsen, erfährt sie ihre künstlerische Formung schon als blutjunges Mädchen unter der Obhut und Anleitung von Hermann Keil, Professor und zeitweiliger Leiter der seinerzeit bahnbrechenden Kunstakademie Karlsruhe bei HAP Grieshaber, Karl Hubbuch in einer äußerst fruchtbaren und aufrührerischen künstlerischen Umgebung, zu der auch Erich Heckel als enger Freund der Familie gehörte. Die erfolgreiche und ebenso aufsässige junge Architektur im Bereich der TH war ein wichtiger Einfluss, noch vertieft durch ein Volontariat bei Egon Eiermann mit dem Ergebnis, dass Architekturdesign künftig auch eine stete Herausforderung des bildnerischen Dialoges bedeutete.

Zum Ende ihrer Ausbildungsjahre organisierte Prof. H. Keil der jungen Künstlerin eine eigene, sehr erfolgreiche Ausstellung. Nah den Karlsruher Bildungsjahren erprobte die junge Frau ab Anfang der 60er Jahren ihre künstlerischen Ideale sehr erfolgreich mit Modedesign, mit Trendfarben und der Entwicklung von Textilien. Diese Arbeiten waren intellektueller Anspruch an Formgefühl, Farbe und Übersetzung zeichnerischer Fähigkeiten in körperliche Formung, nicht feministisches Ausleben von Mode als Verhüllung, Verpackung.

Die Arbeit erfuhr größte Anerkennung auf internationaler Ebene mit Ausstellungen, Präsentationen und Events begonnen in Karlsruhe und Düsseldorf und fortgesetzt in New York, Paris, Taiwan mit einem besondern Höhepunkt in Osaka 1970, als ihre Präsentation mit dem Preis der Stadt Osaka ausgezeichnet wurde.

Die darauffolgenden Jahre waren ausgefüllt mit schöpferischem Wirken im Bereich Architekturdesign und künstlerischem Entwurf von anspruchsvoller Inneneinrichtung und deren Realisierung. Parallel damit gewann die Hinwendung zu mediterranen Umgebungen, der eher spröden und fast introvertierten vita semplice der portugiesischen Landschaften – ein Impuls des mütterlichen Erbes, den bestimmenden Einfluss auf die weitere malerische Entwicklung. Heute arbeitet die Künstlerin vorwiegend in ihrem Atelier an der Algarve in Portugal.

Verzicht auf mondäne Facetten, klare und eindringliche Formensprache, subtile, nach innen gerichtete Farbempfindung und die Umsetzung von Licht in Farbe kennzeichnen die konsequente Entwicklung zu einer großen künstlerischen Reife, die aber auch die Kraft erkennen lässt immer zu neuen bildnerischen Lösungen aufzubrechen.

The Artist

Growing up in a family of cultivated industrialists in the region of the Upper Rhine, with its many cultural centres, she received her artistic training as a very young girl under the aegis and direction of Hermann Keil, Professor and sometime Director of the then pioneering art academy of Karlsruhe, with HAP Grieshaber and Karl Hubbuch; this was a most fertile and stirring artistic environment, to which Erich Heckel, a close family friend, also belonged. The architectural focus of the Academy was in equal measure rebellious and successful, and formed an important influence, intensified still further by a training placement with Egon Eiermann, so that architectural design also came to represent a constant challenge in pictorial dialogue.

At the end of her years of training Professor H. Keil gave this young artist a highly successful exhibition of her own. As a young woman in the early Sixties, soon after her years at Karlsruhe, she began her highly successful experiments in expressing her artistic ideals through fashion design, 'trendy' colours and textile development. These works were intellectual aspirations in feeling for form, colour and the translation of her skills as a draughtswoman into physical shape, developing fashion in a non-feminist manner as veiling and packaging.

The work gained great international recognition, with exhibitions, presentations and events, starting at Karlsruhe and Düsseldorf and continuing at New York, Paris, Taiwan, and culminating at Osaka in 1970, when her presentation was singled out for the City of Osaka prize.

The succeeding years were taken up with creative activity in the field of architectural and artistic design and the creation of ambitious interiors. In parallel, her devotion to her Mediterranean surroundings, inspired by her maternal heritage – the austere, almost introverted vita semplice of the Portuguese landscape – became a guiding influence in her further development as a painter. Today the artist works mainly from her studio in the Algarve in Portugal.

A rejection of modishness, a clear and penetrating formal language, a subtle and inward-looking feeling for colour and the conversion of light into colour all mark her steady progression towards great artistic maturity; a maturity which nevertheless suggests that she still holds the power to embark on innovative pictorial solutions.

Statement

Für mich haben Bilder Wesenheit wie Musik. Sie haben Einfluß auf unser Gefühl, unsere Stimmung und damit auf unsere Sicht der Dinge des Lebens. Um eine solche Botschaft glaubhaft zu transportieren, dürfen die Bilder nicht Zufallsprodukte sein, sondern bedürfen eines strengen, ja mathematischen Aufbaus der Farbverteilung und der Linienführung. Angelehnt an die gebändigte Form einer Partita von Bach, die durch die transparent klare Gliederung, erfüllt mit genialer Harmonie und Tonsetzung, den spirituellen Teil in uns Menschen anspricht – Seele, Gefühl und Geist. So wie eine Partita aber auch phantastische, ja tänzerische Momente hat, so will ich Märchen erzählen, um über die Farbe und das Leuchten der Farben das Phänomen des Lichts sichtbar zu machen. Ich bändige das Sujet über die systematische, ja geometrische Ordnung. Ich verleihe dem Bild Gefühl und Esprit über Farbe und Licht. Der verführerische Ateliergenosse »Zufall« hat bei mir keinen Platz. Der Zufall ist mein Antipode.

Diese Ordnung beruht aber auf Wissen um Farbwirkung und Harmonie der Linenführung, wie sie phänomenal z.B. von Klee, Picasso, Monet oder Turner beherrscht und beachtet wurden. Ich scheue mich nicht, die Lösung in den unterschiedlichsten Ausdrucksformen zu suchen. Jeder der großen Meister der Malerei hat einen eigenen Weg begonnen, vollendet ist keiner. So kann ich an jedes dieser offenen Enden anknüpfen und dort weiterentwickeln – eine Interpretation, die in die heutige Zeit transformiert. Damit macht sich mein bildnerischer Ausdruck selbständig.

Je weiter ich in die Abstraktion vordringe, desto strenger und konsequenter muß der bildnerische Aufbau beachtet werden, um nicht in einem bedeutungslosen »small talk« zu landen.

Malerei ist eine schöne, für mich die schönste Auseinandersetzung mit allem, was ist. Jeder hat bei der Betrachtung von Bildern die Freiheit, seinem Gefühl freien Lauf zu lassen und seinen Anteil daran mitzunehmen.

Ich meine: Farbe ist der Zutritt zur Seele.

For me, images have a presence like music. They influence our feelings, our mood and thus our view of the things of life. To deliver such a message in credible fashion, the images must not be products of chance, but require a strict, even mathematical, construction of colour distribution and line. This is derived from the restrained form of a Bach partita, whose transparent clarity of articulation, replete with the harmony and melody of genius, addresses the spiritual part of us as human beings – soul, feeling and spirit. But, just as a partita has moments of fantasy, even of dance, I also want to tell a narrative which reveals the phenomenon of light through colour and the glow of colours. I constrain the subject through systematic, even geometric, order. I use colour and light to lend the image feeling and spirit. Chance is a seductive companion in the studio. I give it no room. Chance is my diametrical opposite.

But this order rests on knowledge about the effect of colour and harmony of line, which Klee, Picasso, Monet or Turner, among others, mastered and observed in such phenomenal fashion. I have no qualms about seeking the solution in the most varied forms of expression. All the great masters of painting set out on their own paths, but none completed the journey. Therefore, I can pick up each of these open ends where they were left off and develop them from there – making an interpretation for the modern age. This lends independence to my pictorial expression.

The further I advance into abstraction, the more rigorously and consistently must the pictorial structure be adhered to, to avoid lapsing into meaningless small talk.

Painting is a beautiful – for me, the most beautiful – way to approach everything that is. When people look at pictures they all have the freedom to allow free rein to their feelings and to take their share in them.

My credo is: colour gives access to the soul.

Die Werke

The Works

29 Kaskaden, 2005, Acryl auf Leinwand, 100 x 100 cm

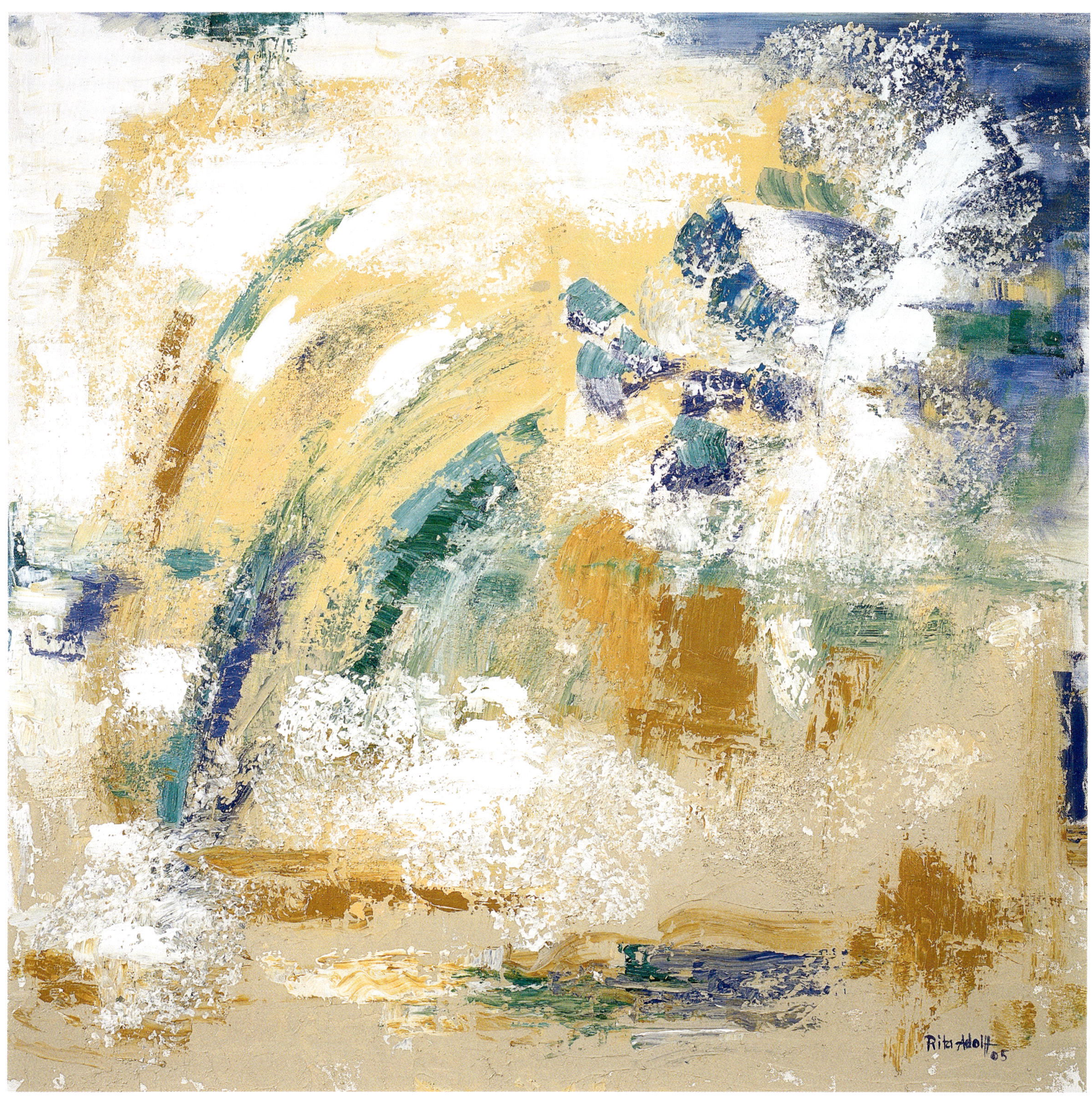

Rita Adolf
05

62 SANDSTURM, 2006, Acryl auf Leinwand, 100 x 100 cm

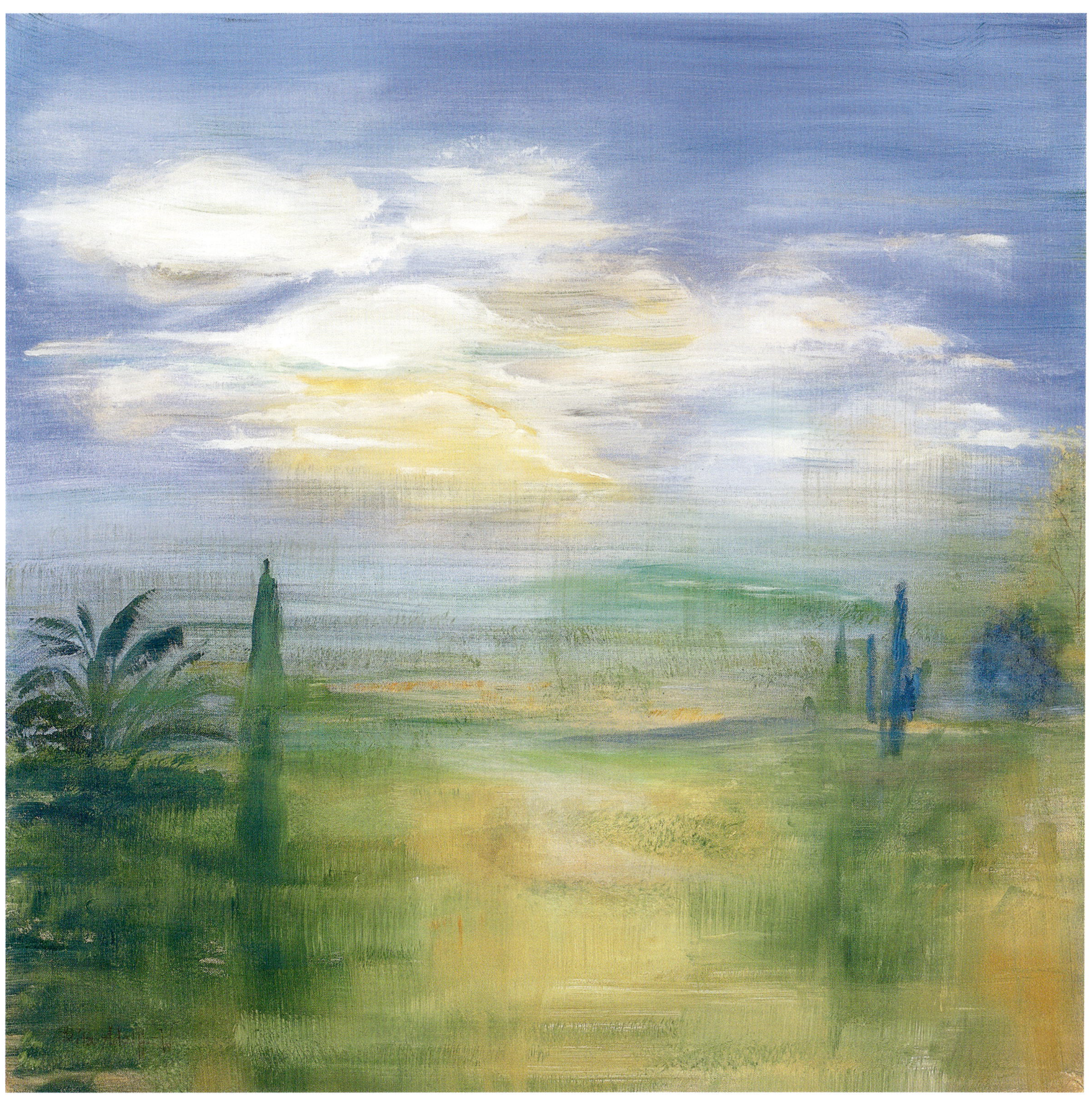

33 BADENDE SONNE, 2005, Mischtechnik auf Leinwand, 100 x 120 cm

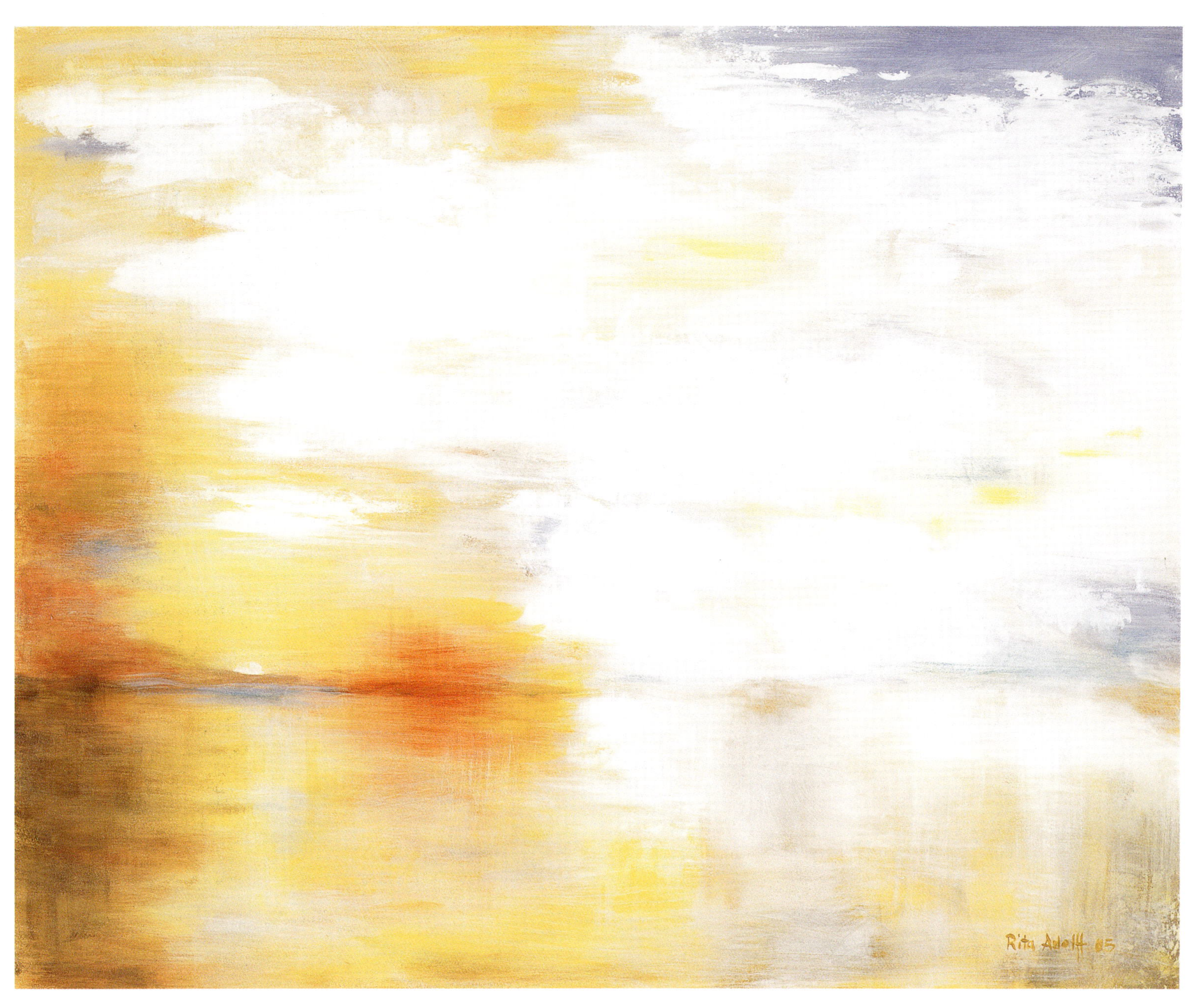

Rita Adolff 05

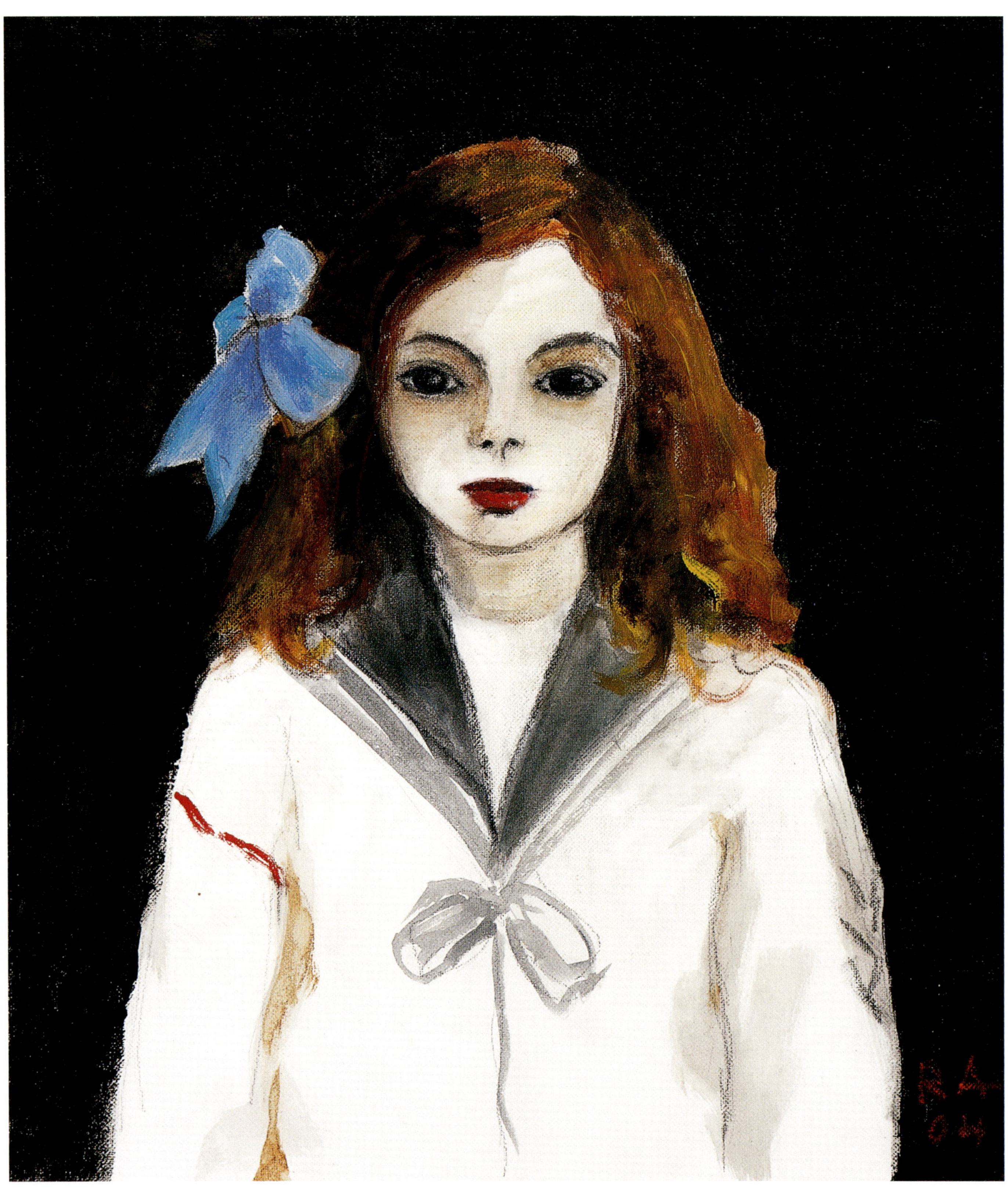

26 Hommage à Dolly, 2004, Acryl auf Karton, 47 x 45,5 cm   **31 Sandstrand**, 2005, Acryl auf Leinwand, 80 x 100 cm

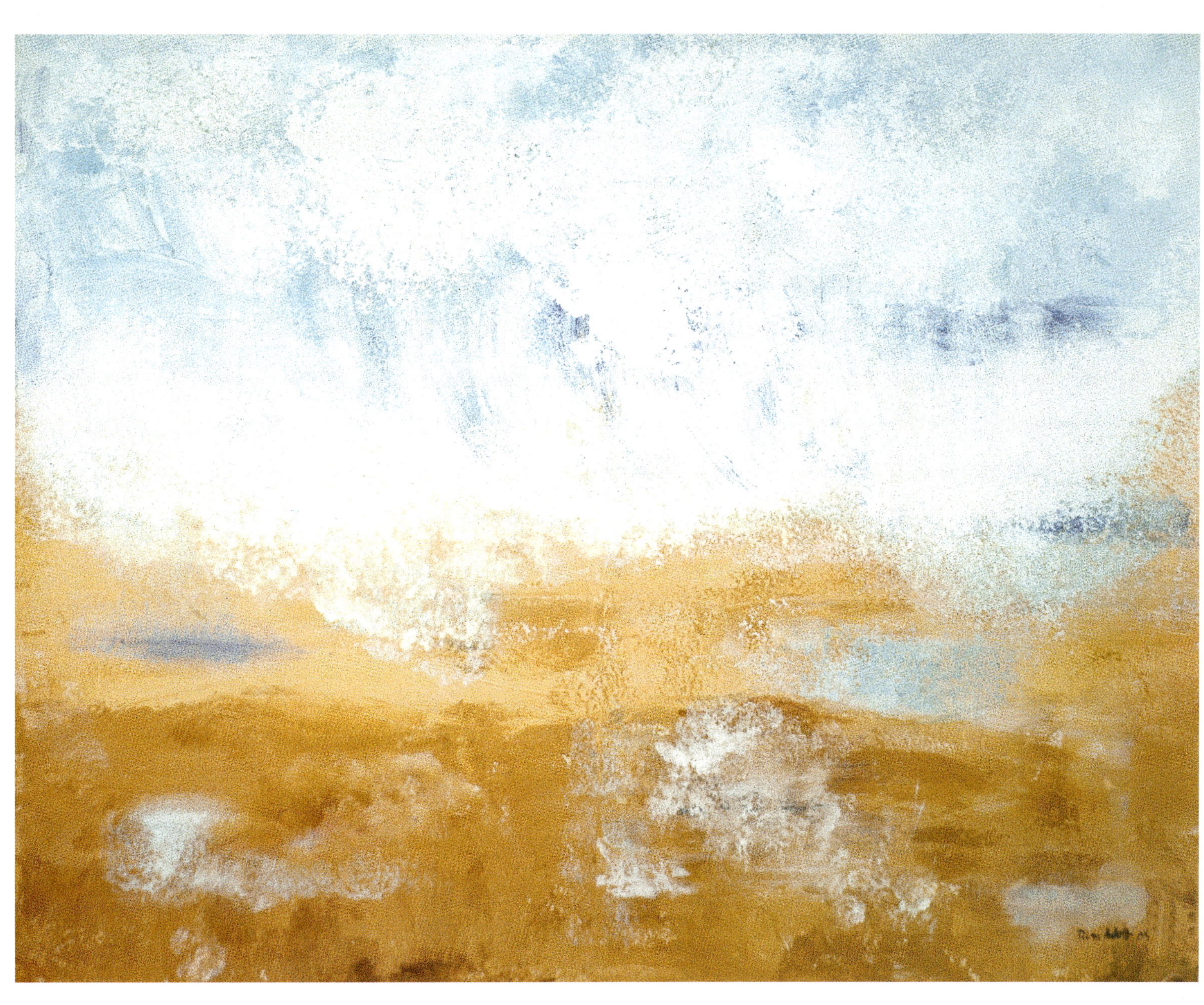

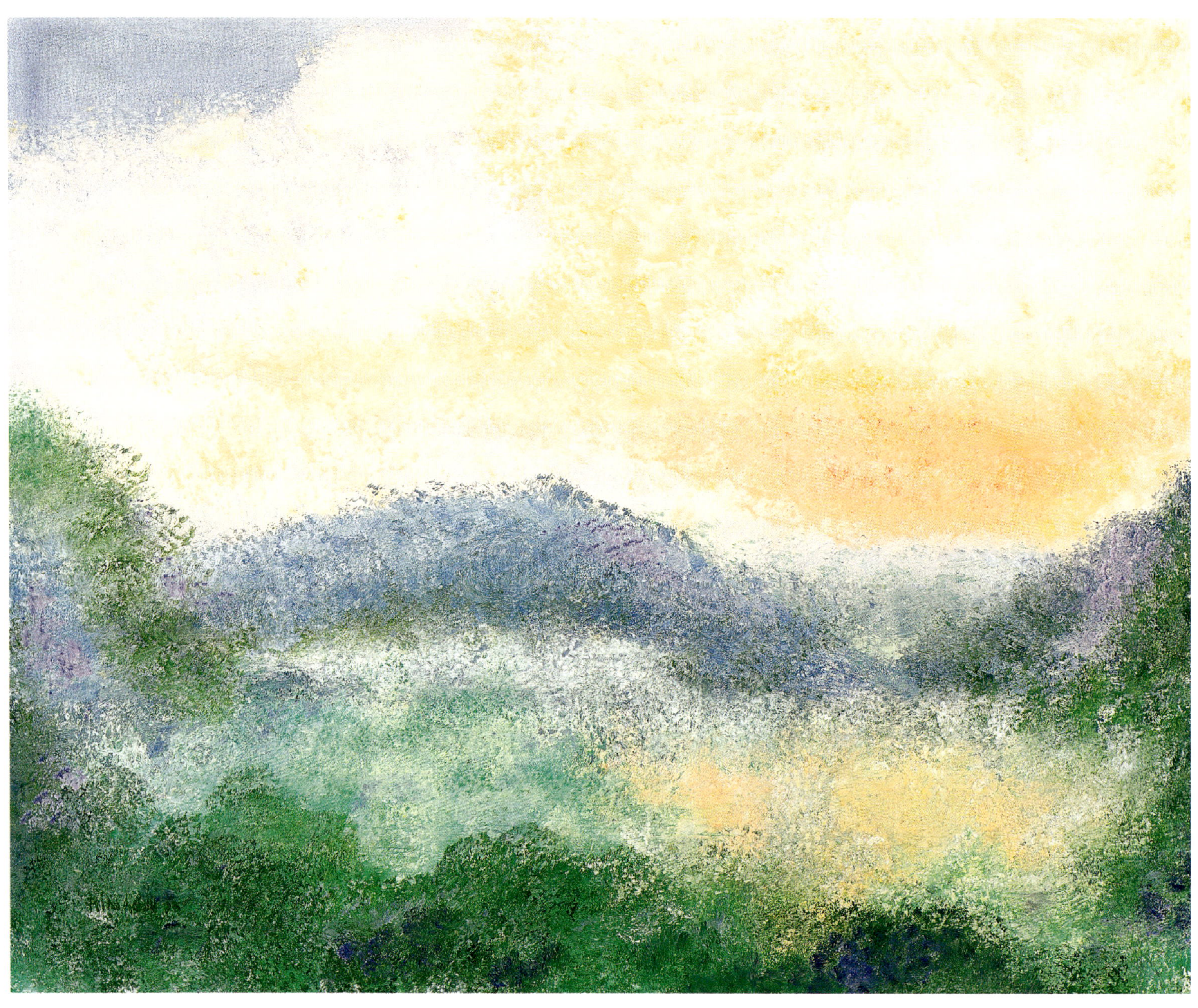

2 Madrugada, 2005, Acryl auf Leinwand, 100 x 120 cm   **11 Spirituel**, 2004, Acryl auf Leinwand, 80 x 80 cm

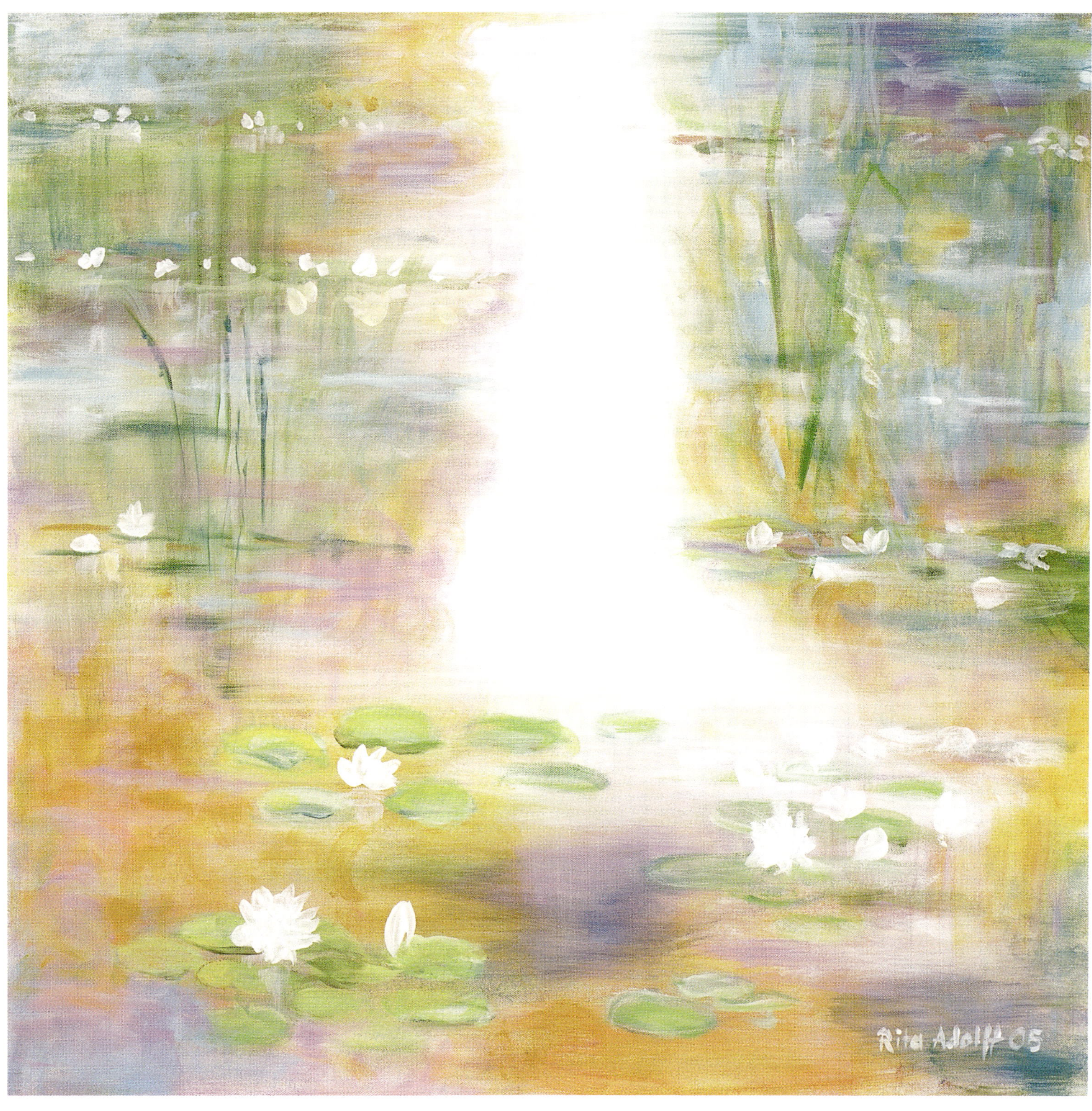
Rita Adolff 05

3 Reflexionen, 2005, Acryl auf Leinwand, 100 x 100 cm

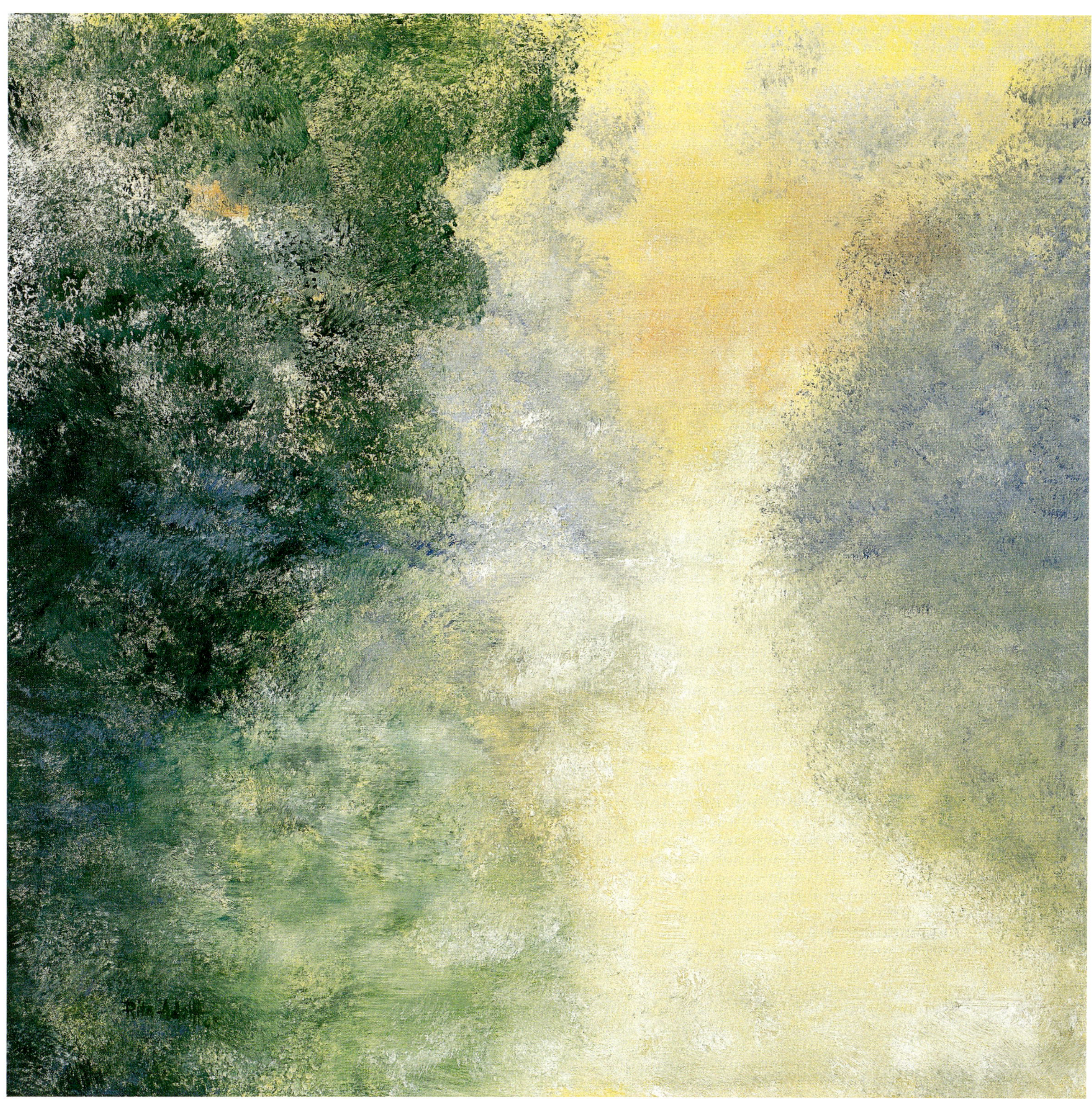

57 Aurora, 2005, Acryl auf Leinwand, 100 x 100 cm

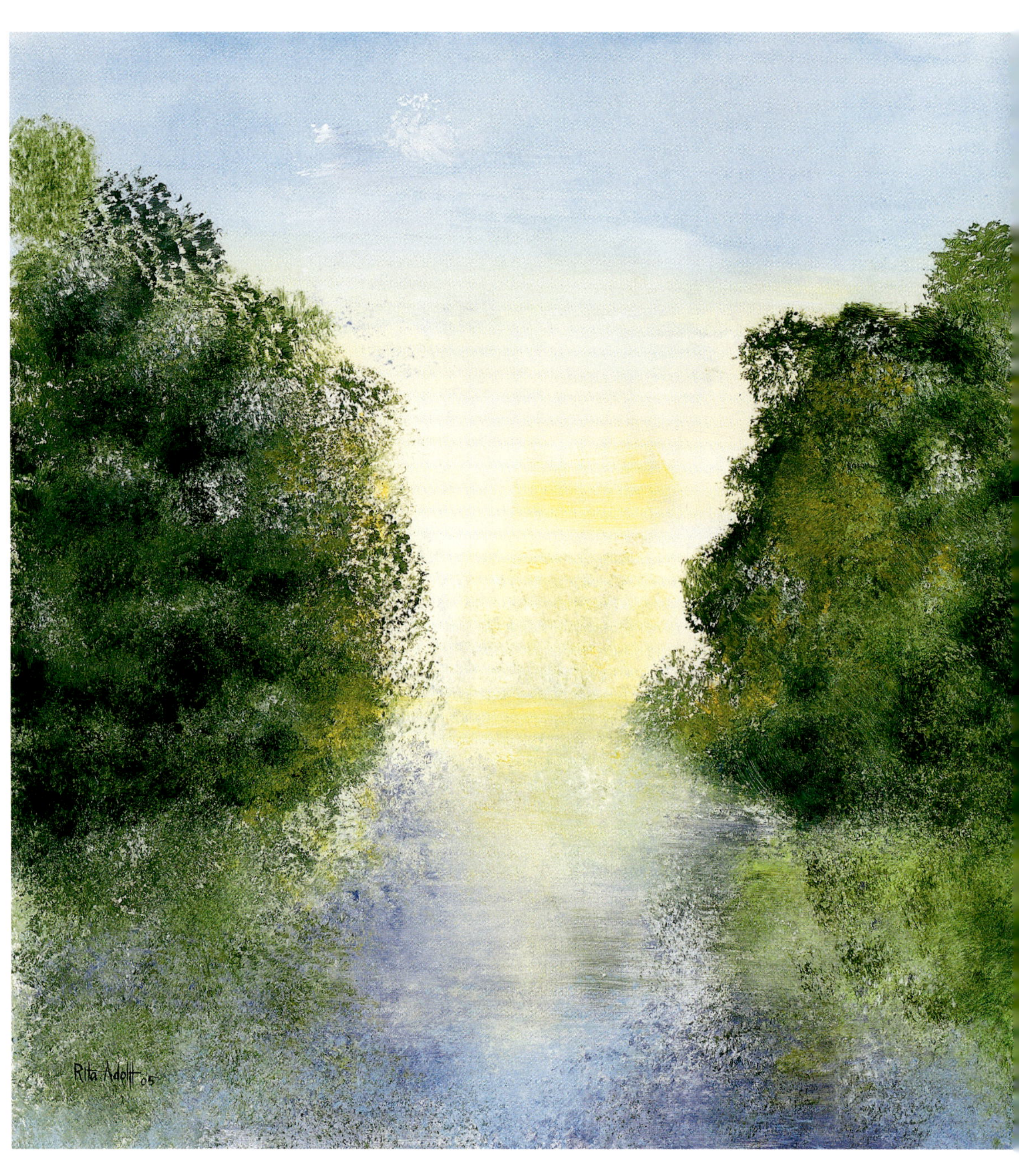

7 FLOATING PARK TRILOGIE, 2005,
  Acryl auf Leinwand, 80 x 60 cm, 80 x 180 cm

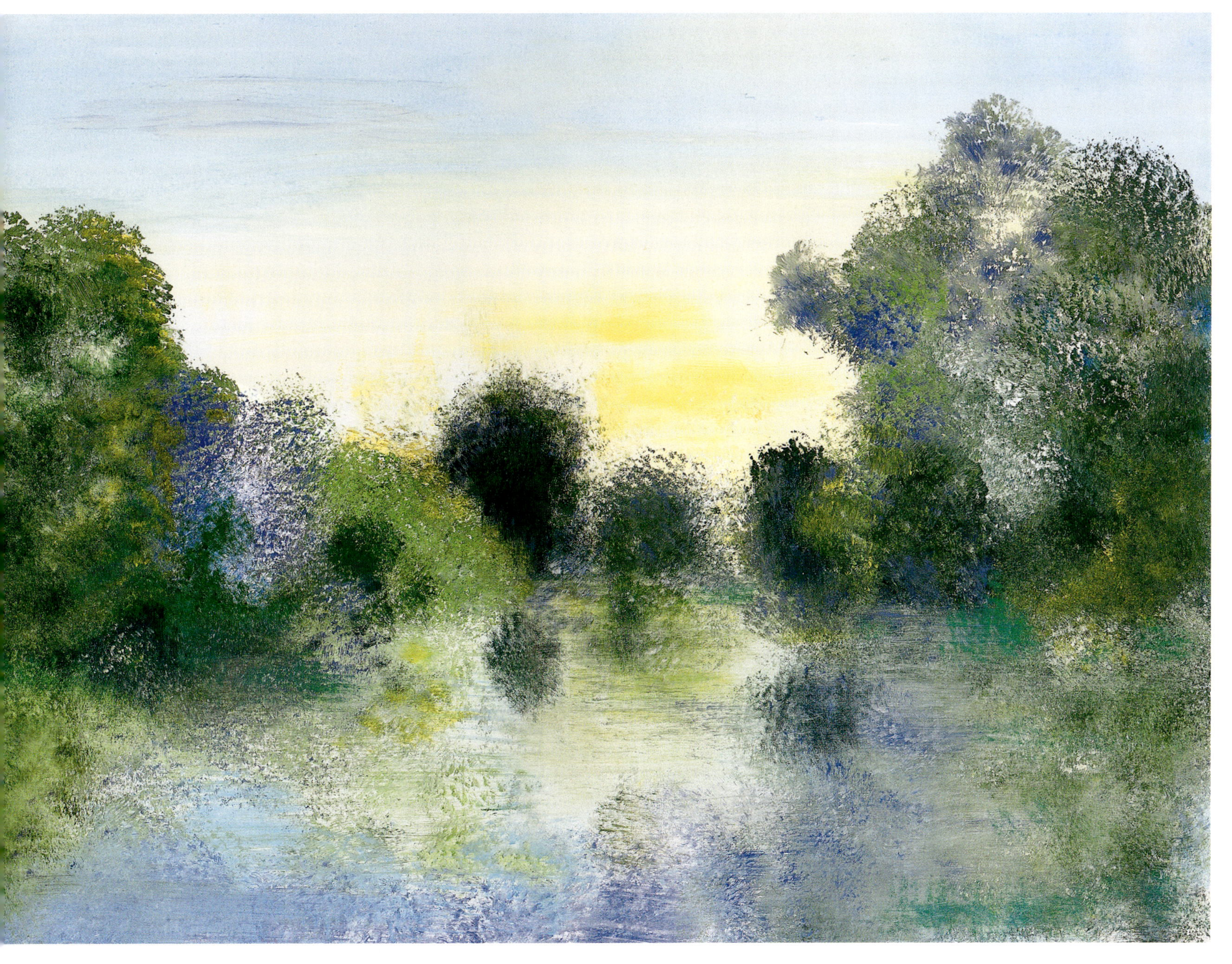

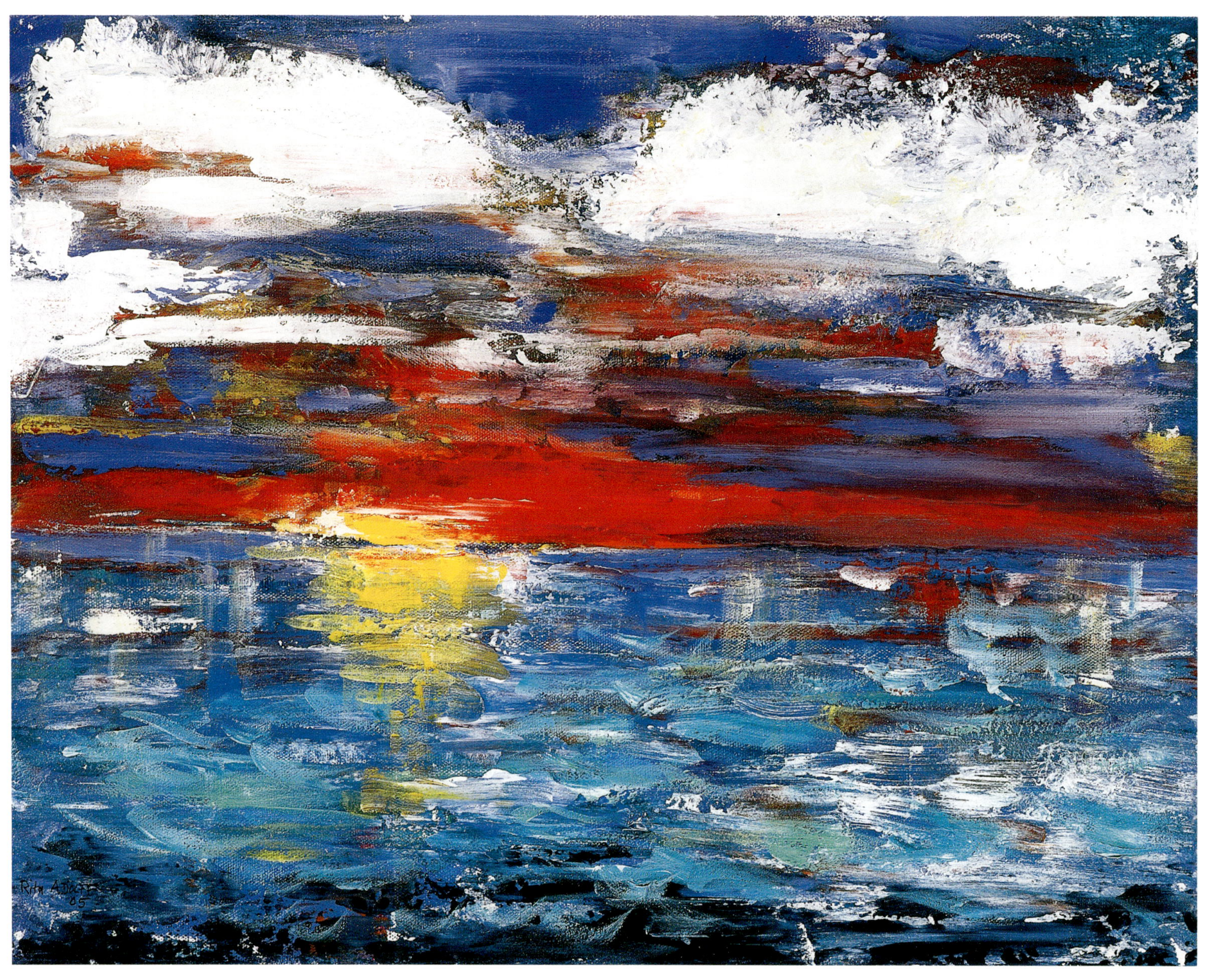

51 SONNENUNTERGANG, 2005, Acryl auf Leinwand, 40 x 50 cm   **14 L**ICHT-BEWEGUNGEN, 2005, Acryl auf Leinwand, 80 x 80 cm

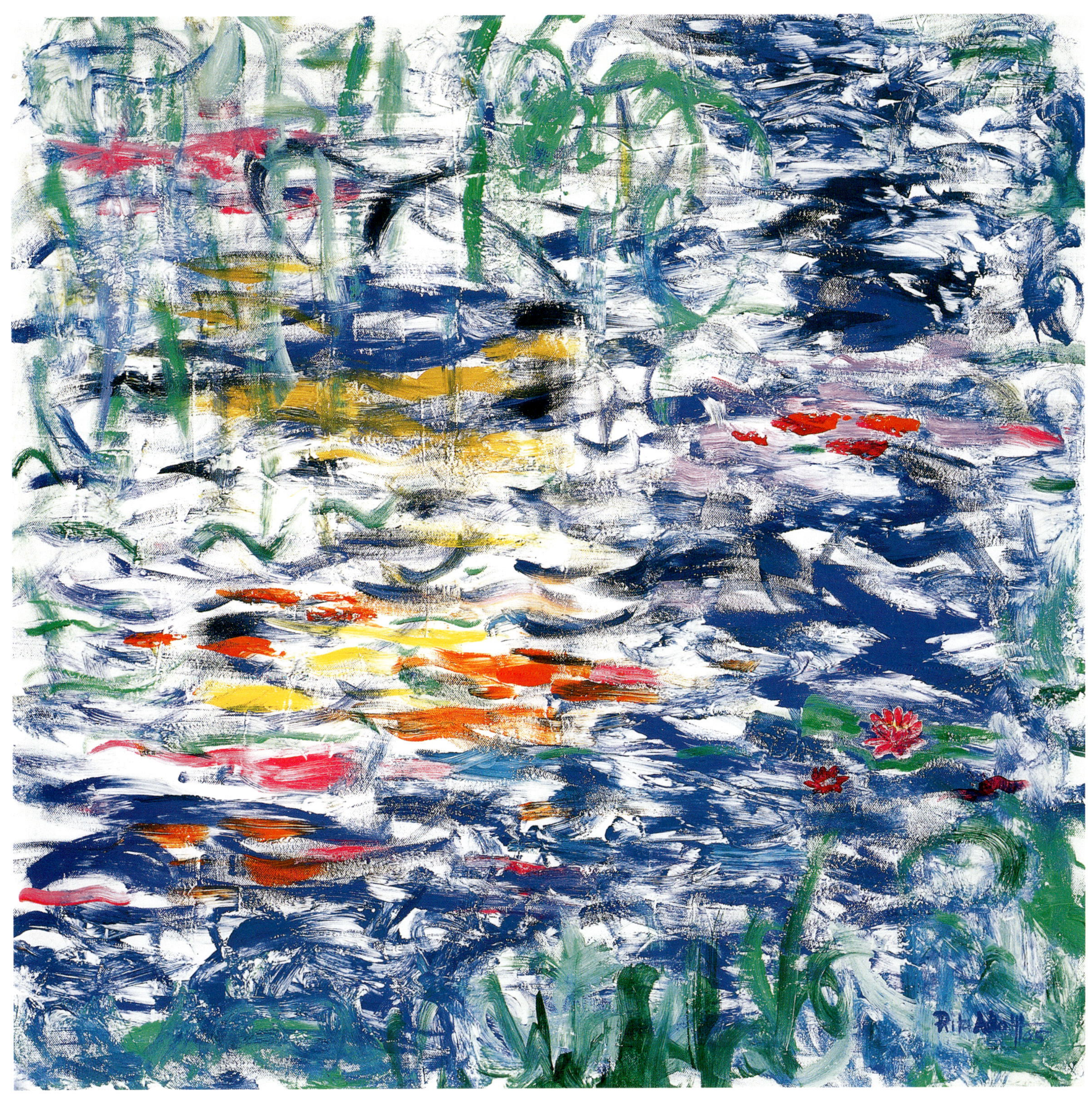

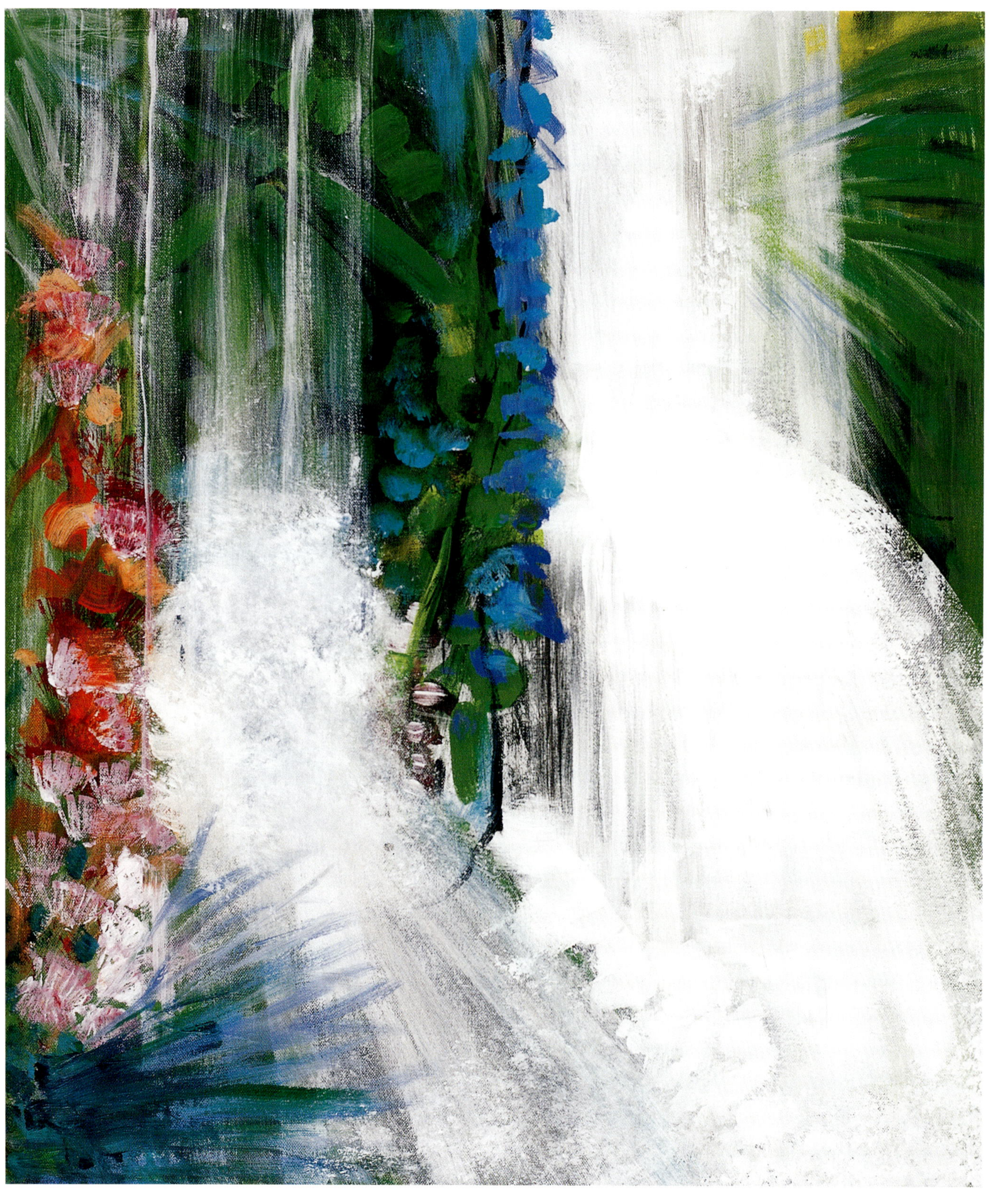

46 **D**ie **Q**uelle **der** **W**eisheit, 2005, Acryl auf Leinwand, 70 x 60 cm   71 **K**yoto, 2006, Acryl auf Leinwand, 100 x 80 cm

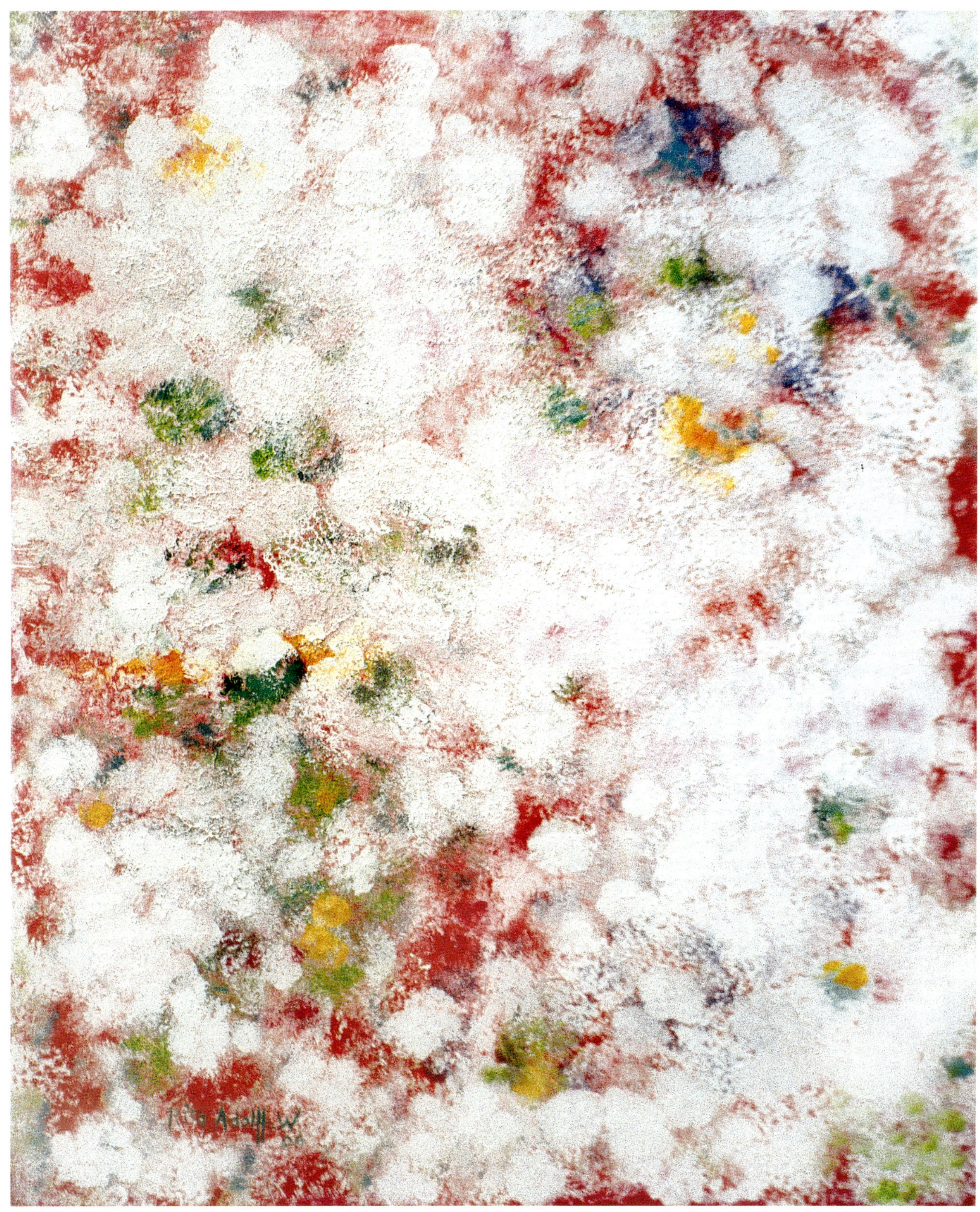

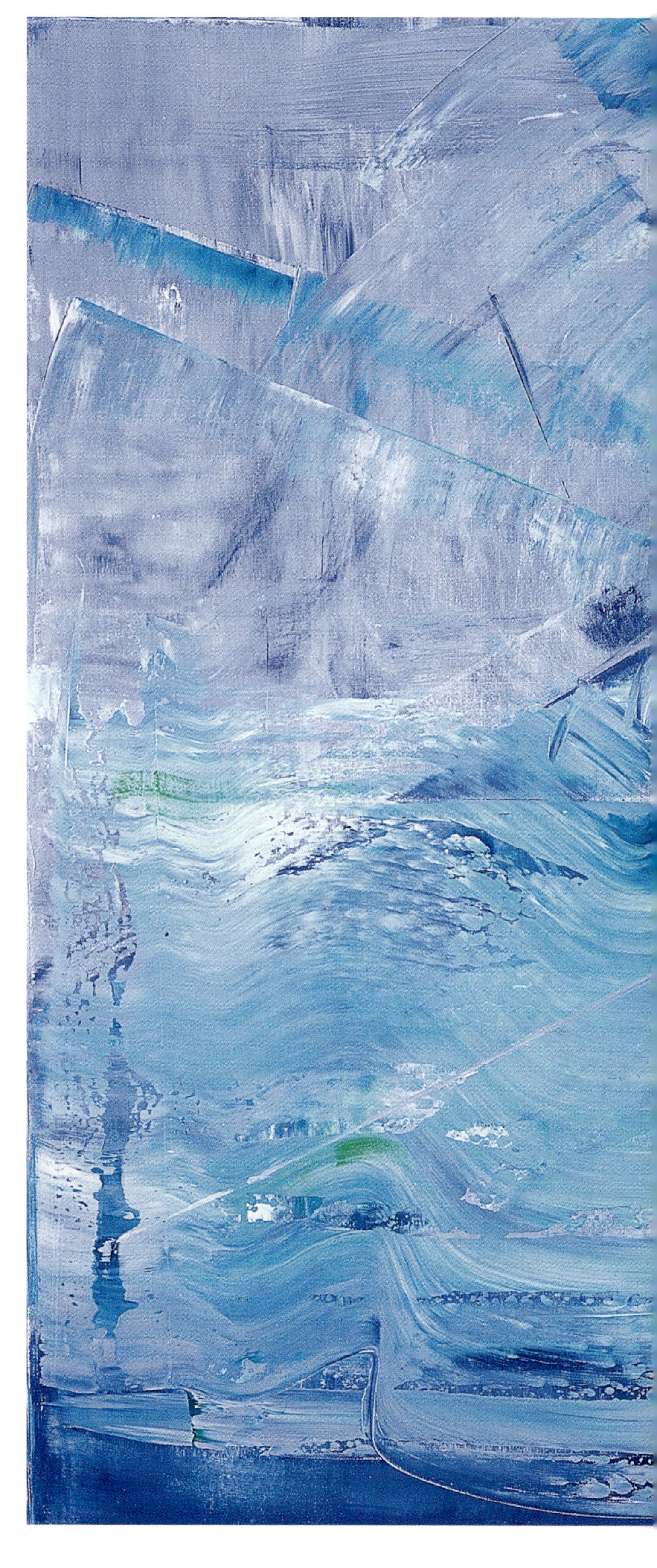

65 **Eɪsʙʟᴀᴜᴇs Lɪᴄʜᴛ ᴏᴅᴇʀ ᴅɪᴇ Kᴀᴛʜᴇᴅʀᴀʟᴇ**, 2005,
Öl auf Leinwand, 100 x 140 cm

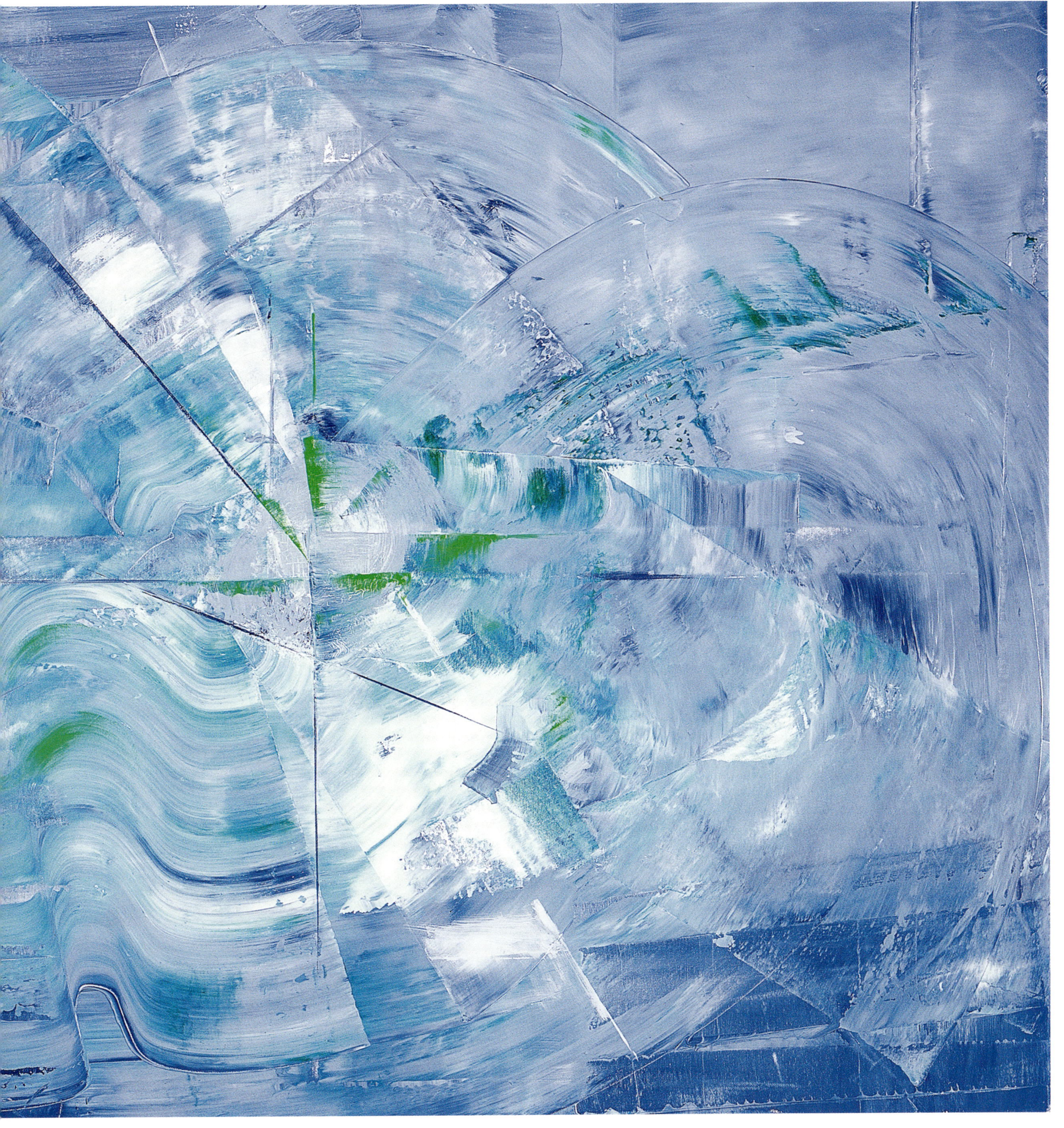

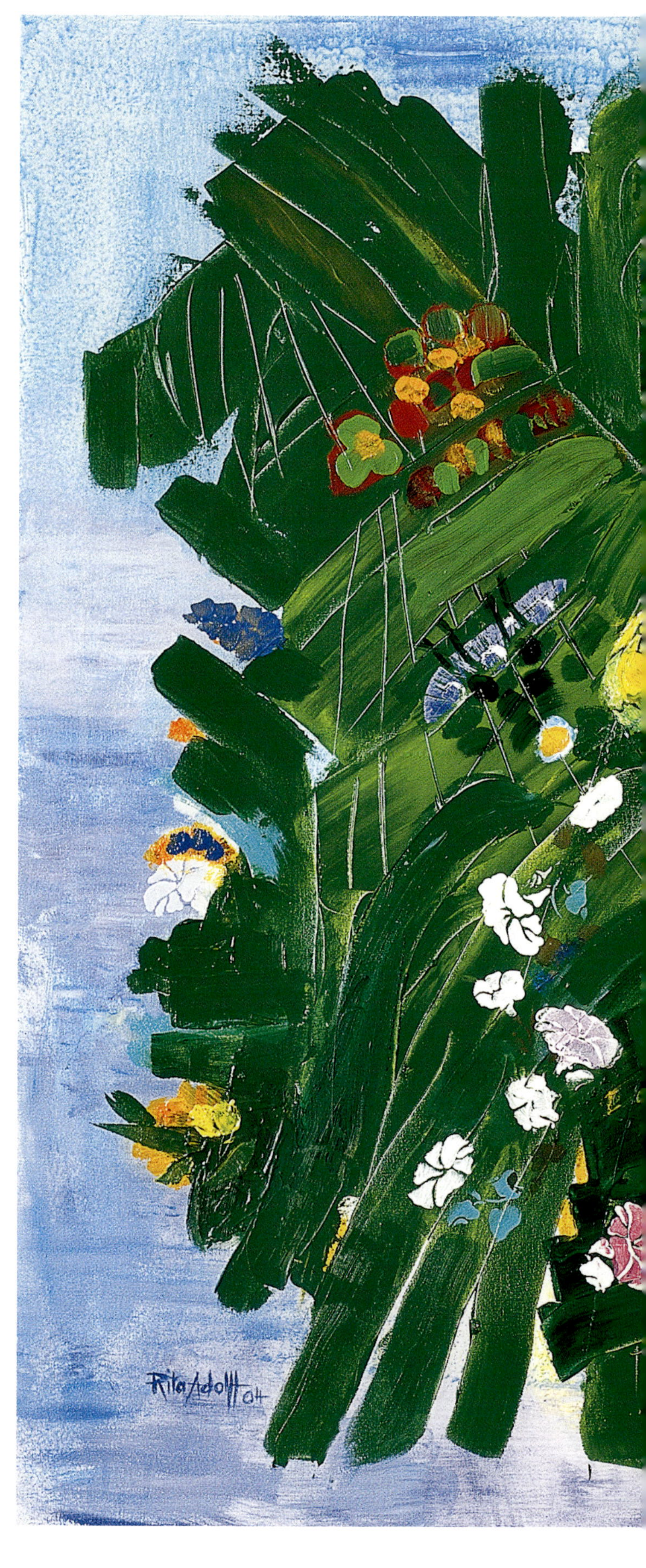

20 **Kakadu Forest**, 2004, Acryl auf Leinwand, 100 x 140 cm

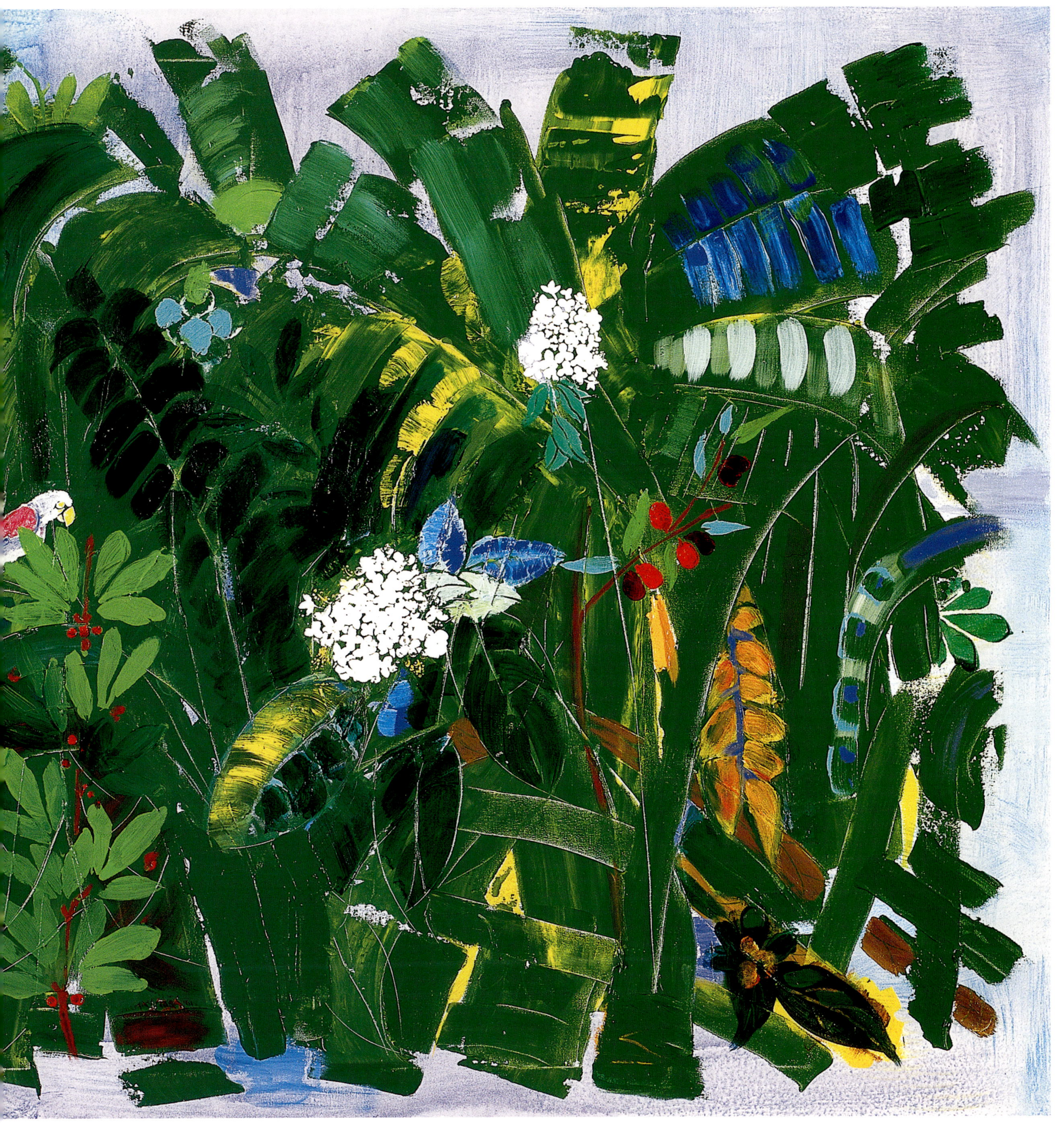

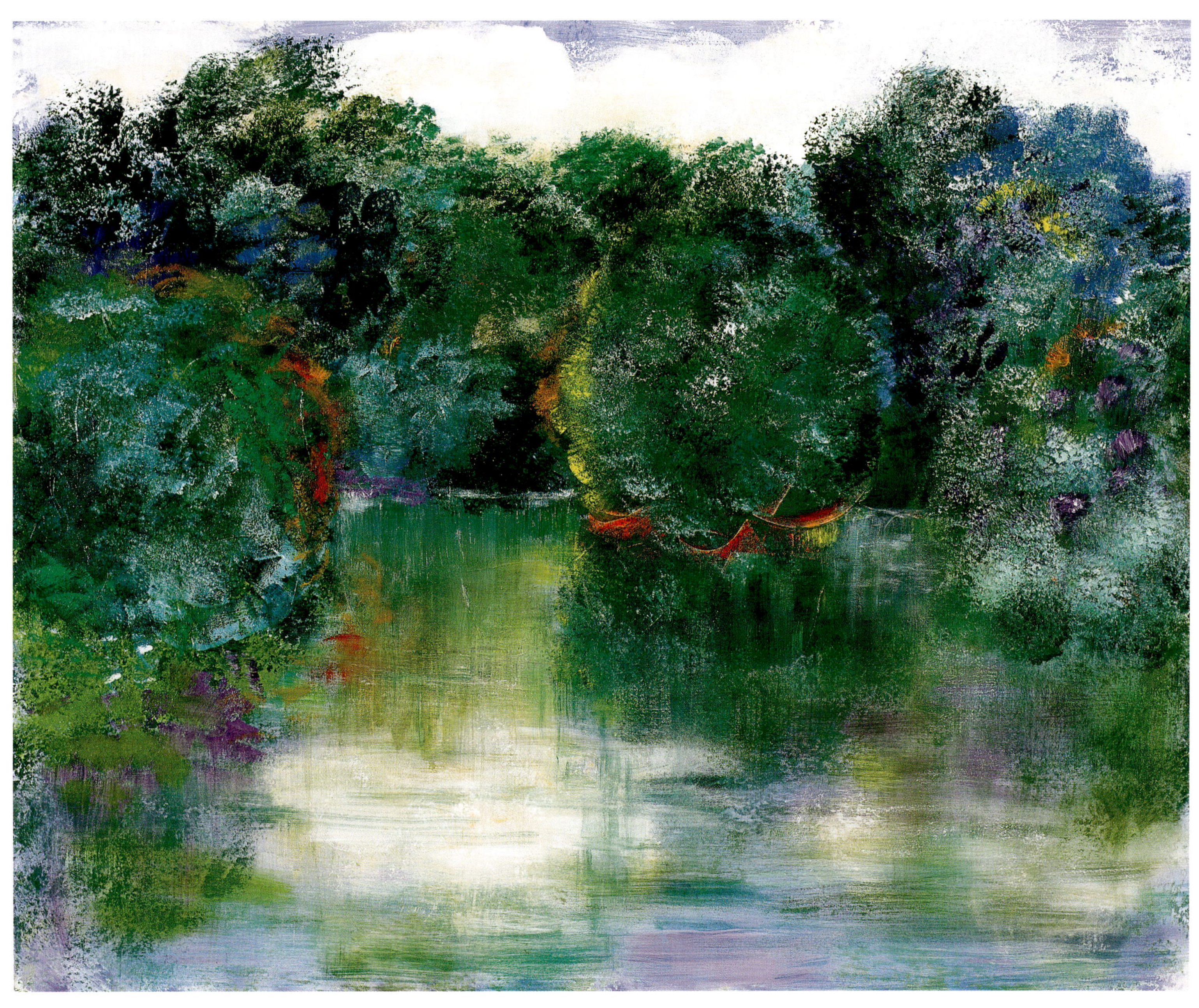

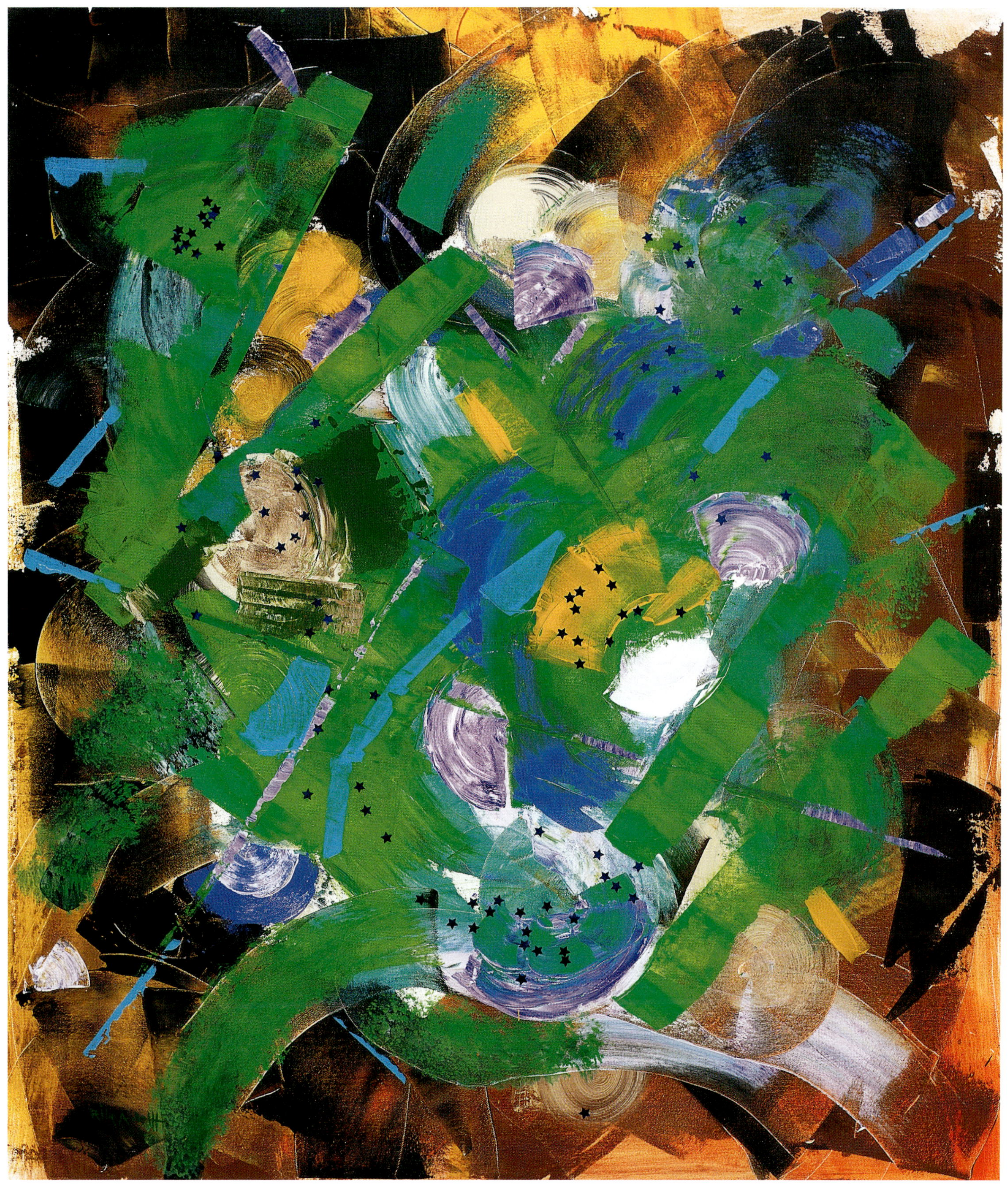

35 **MERLIN'S GARTEN**, 2005, Acryl auf Leinwand, 120 x 100 cm

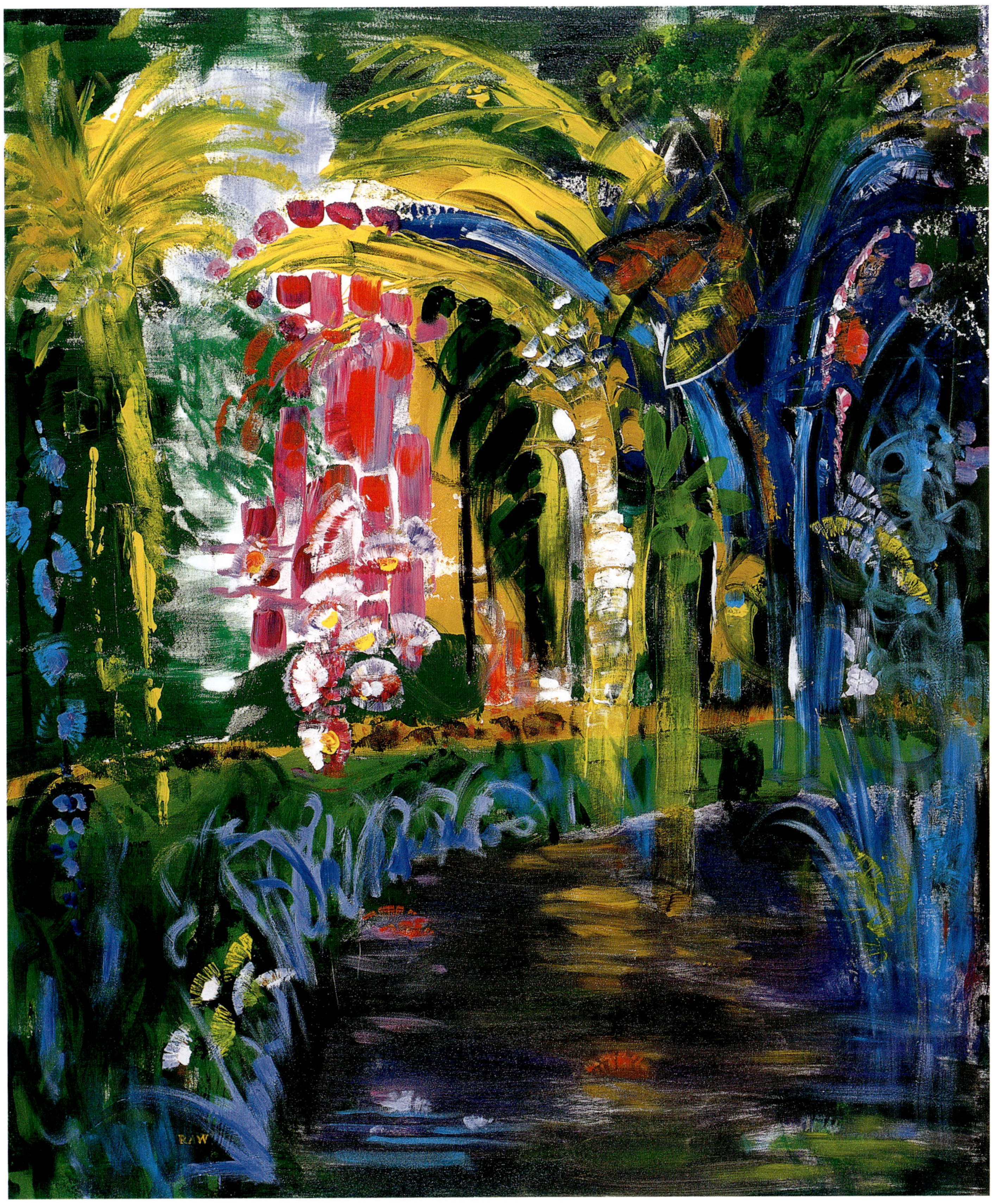

23 Glycinien, 2004, Acryl auf Leinwand, 81 x 116 cm

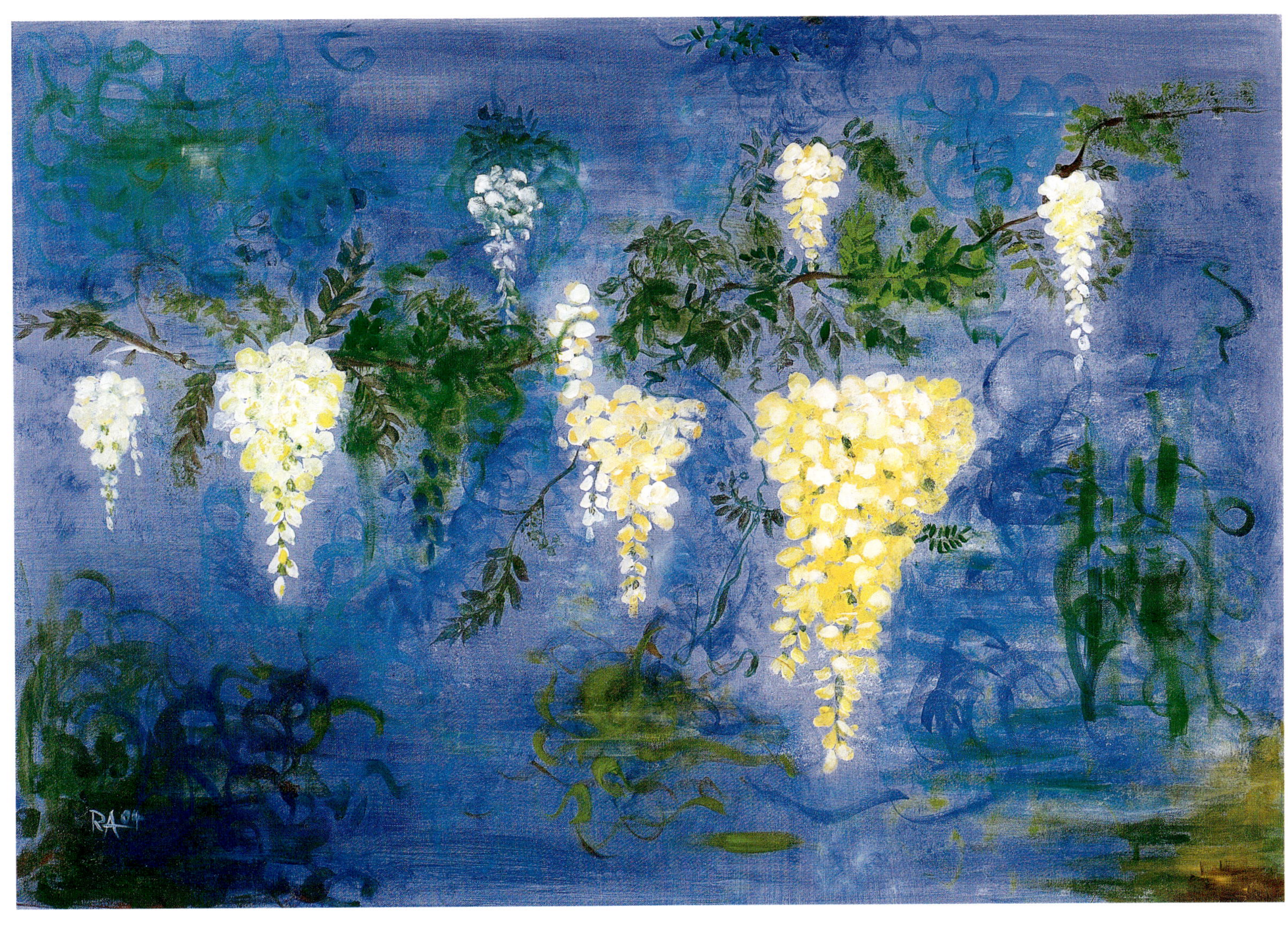

32 Quetzal's Flowers, 2005, Acryl auf Leinwand, 120 x 100 cm

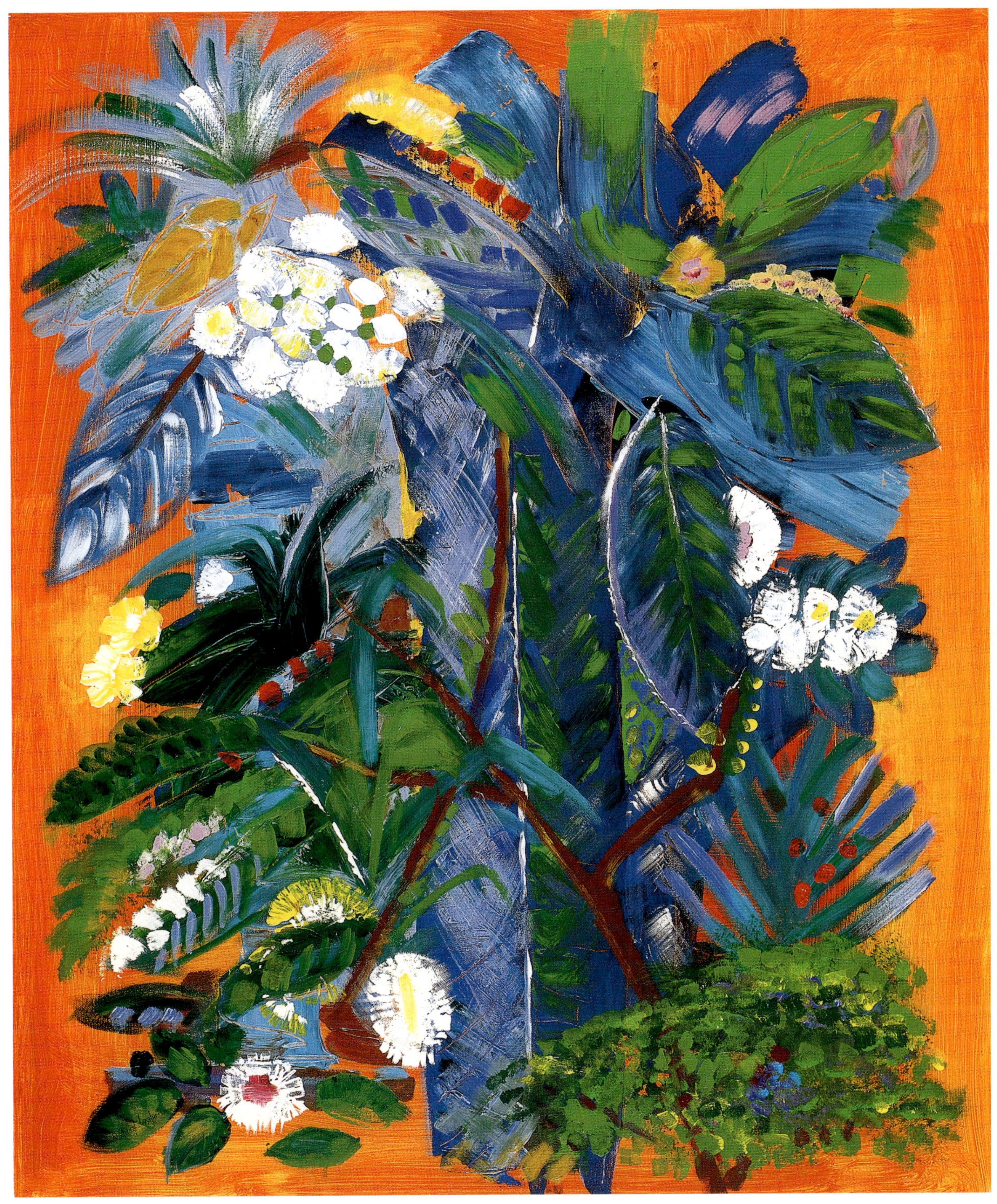

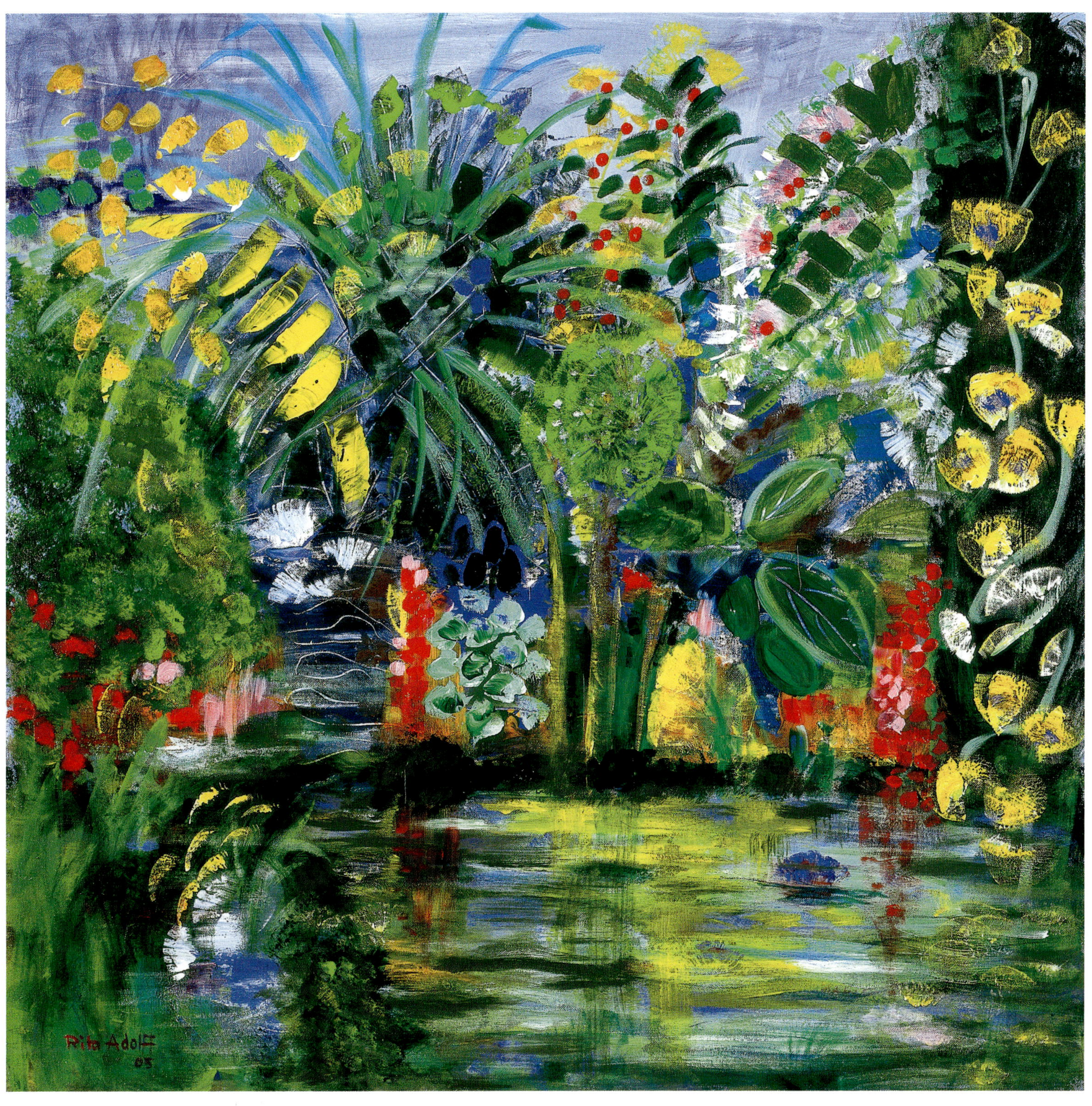

38 Jardim Botanico, 2005, Acryl auf Leinwand, 50 x 40 cm

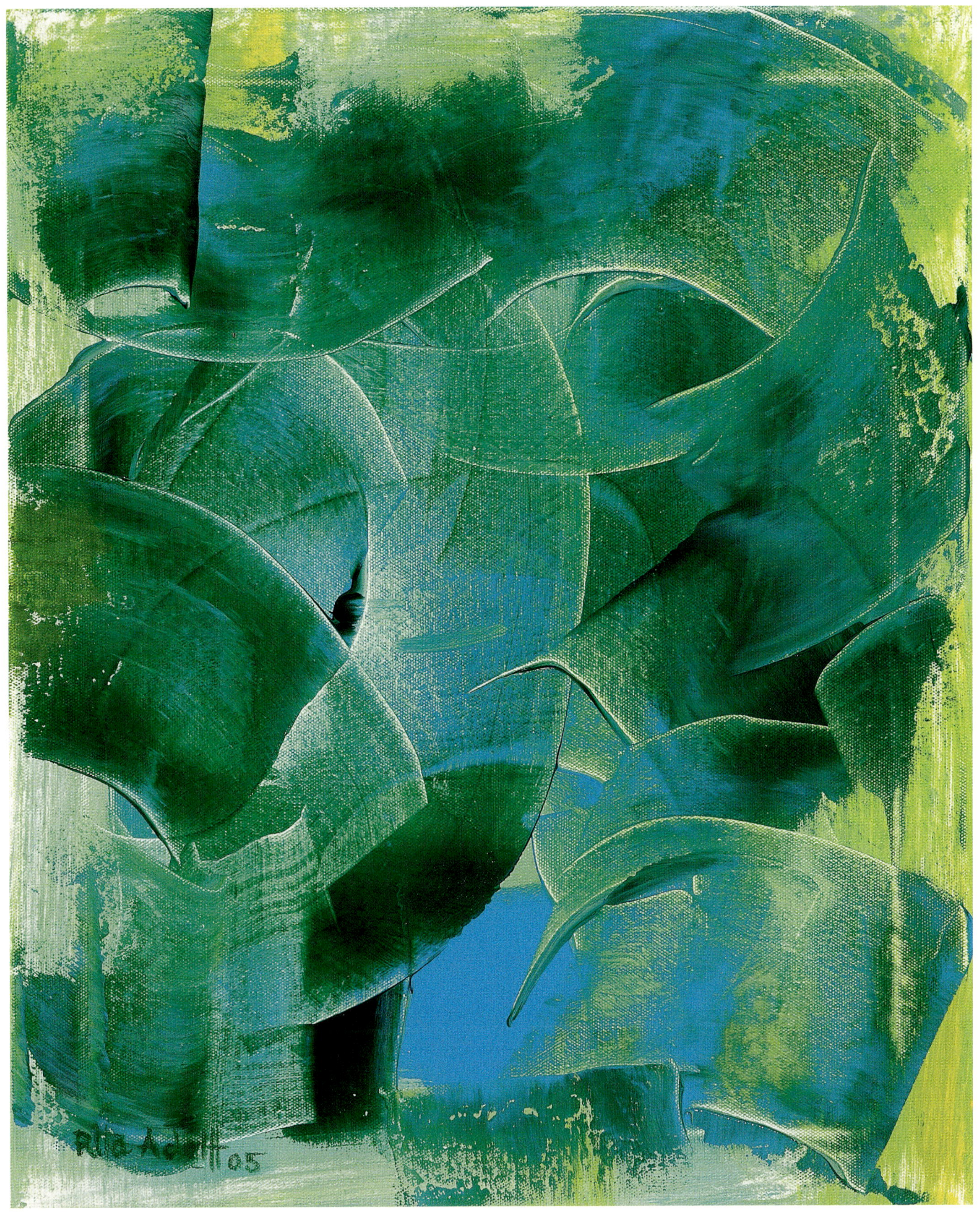

Elia Adolfo 05

34 Vegetative Spiegelungen, 2005,
Mischtechnik auf Karton, 75 x 50 cm

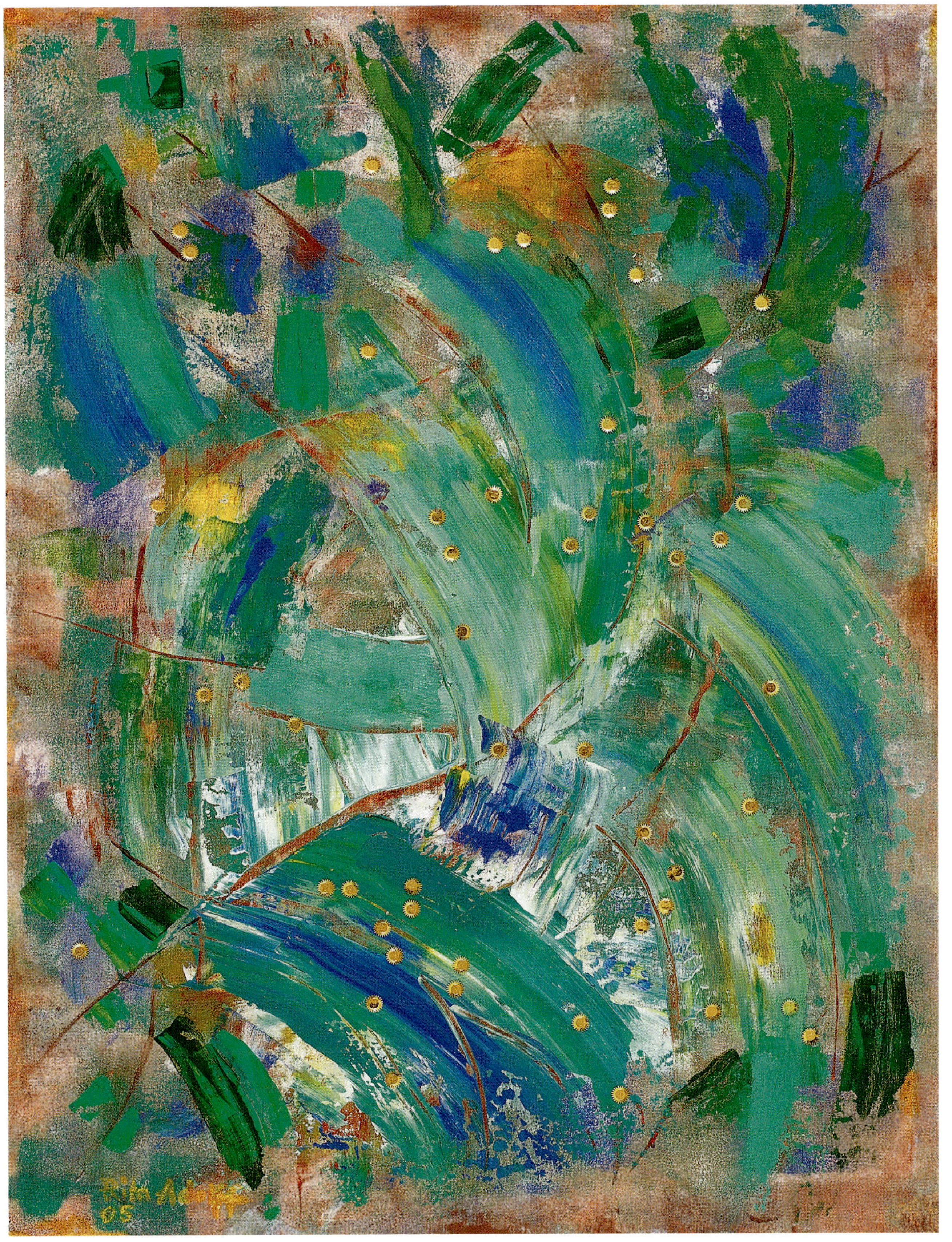

1 REZIPROKE GÄRTEN, 2005, Acryl auf Leinwand, 80 x 80 cm

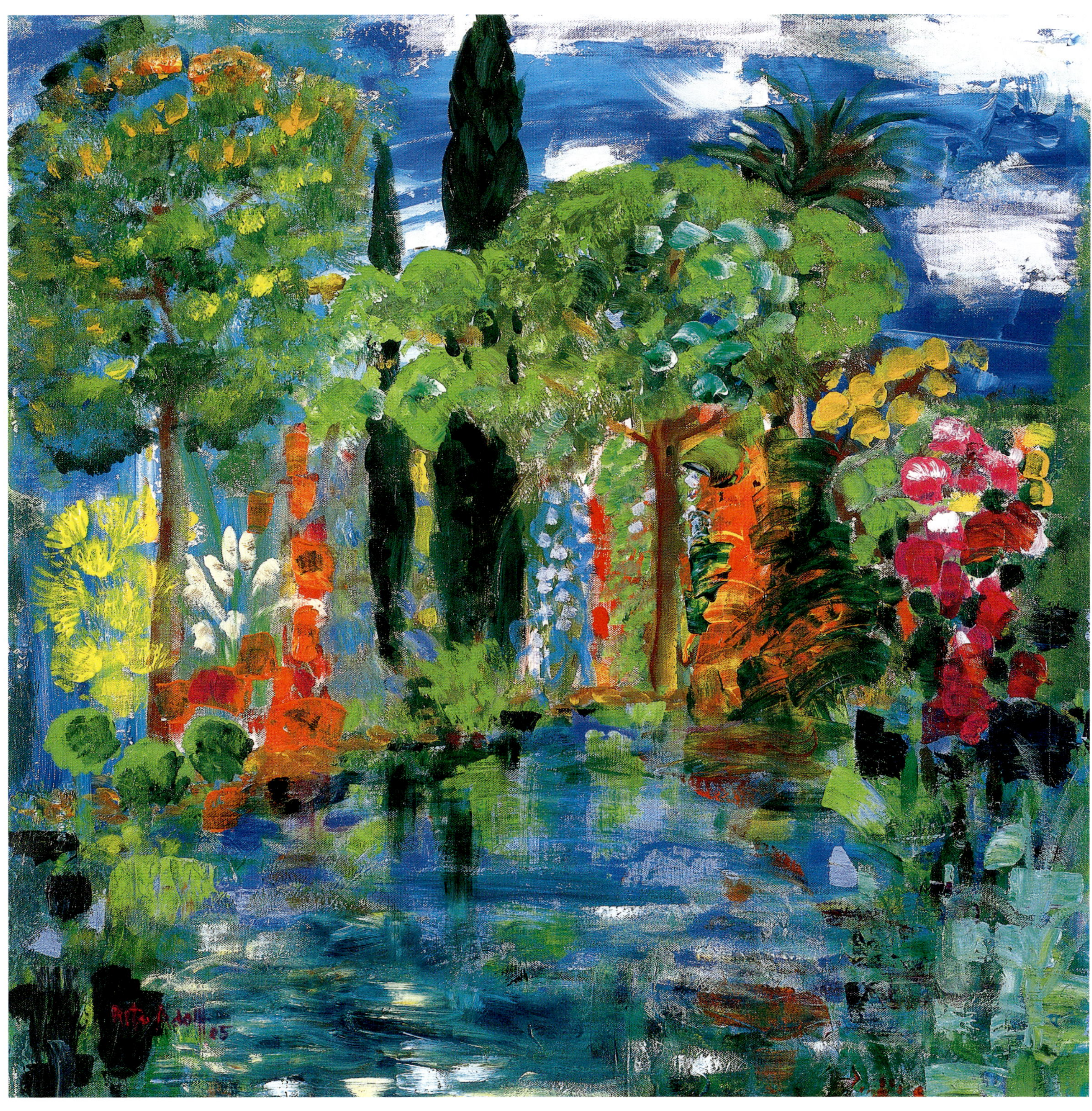

13 Nature vive, 2005, Acryl auf Leinwand, 80 x 80 cm

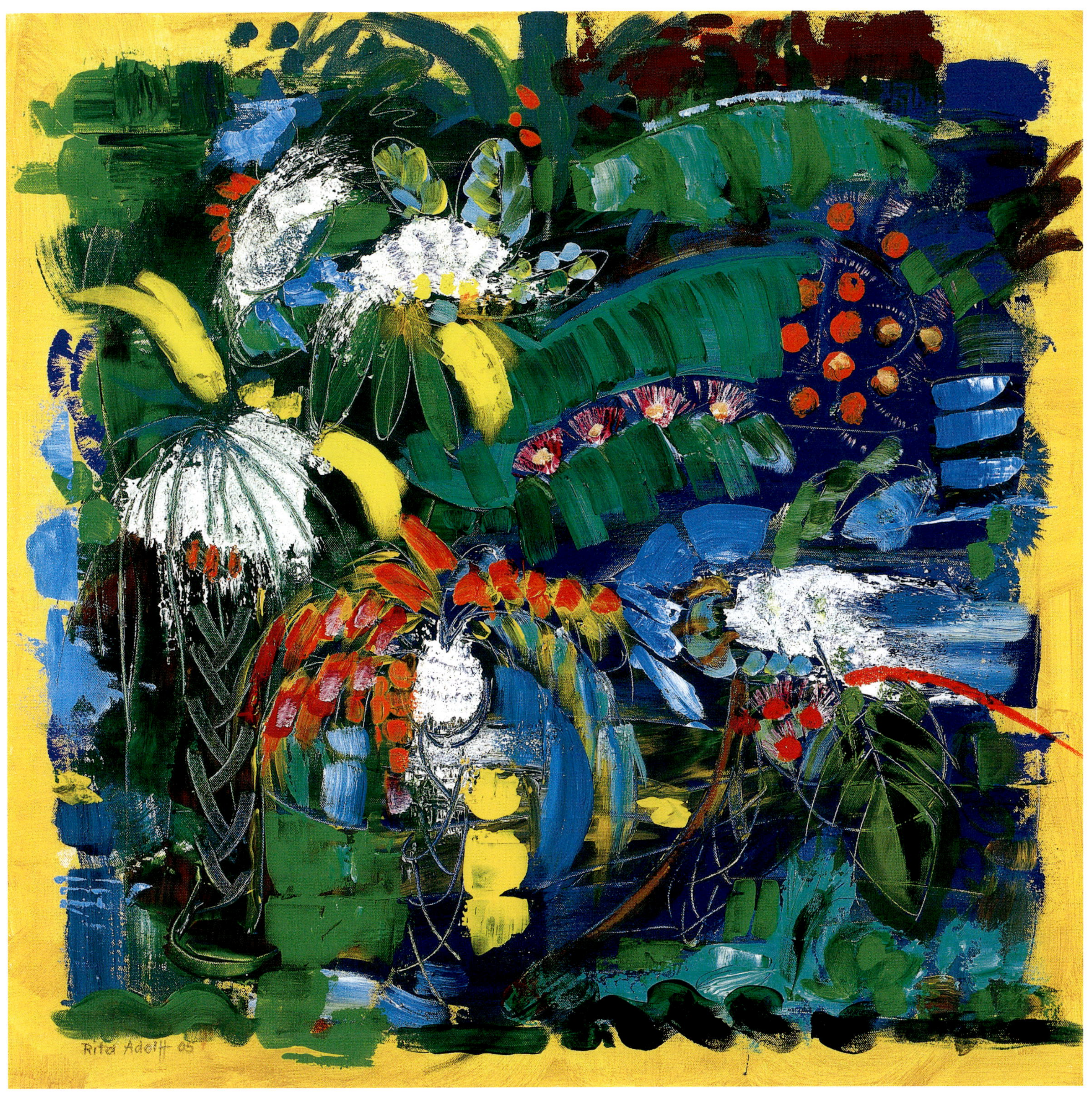

Rita Adolff 05

56 BAUM DER ERKENNTNIS, 2002–2005, verschiedene Materialien

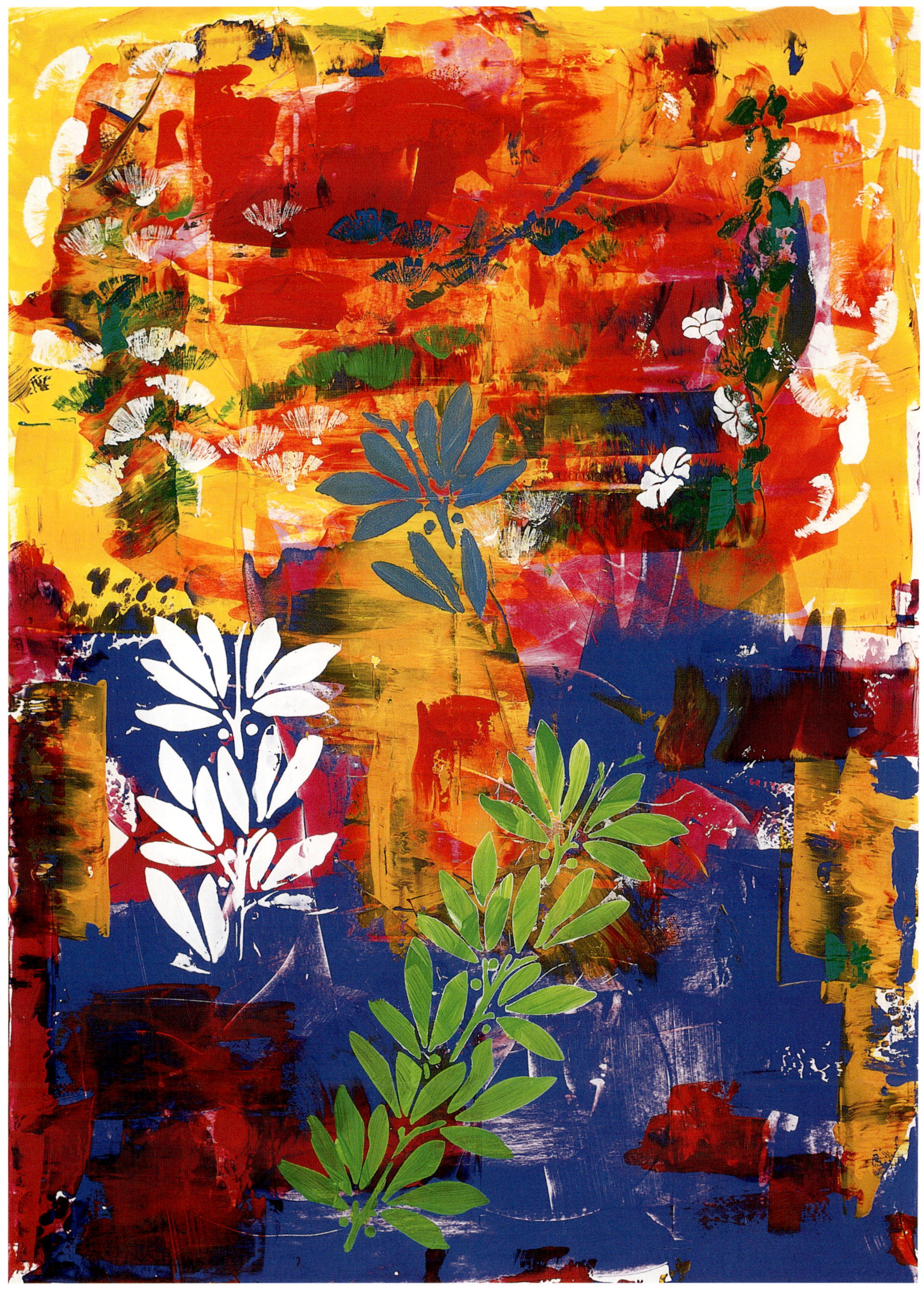

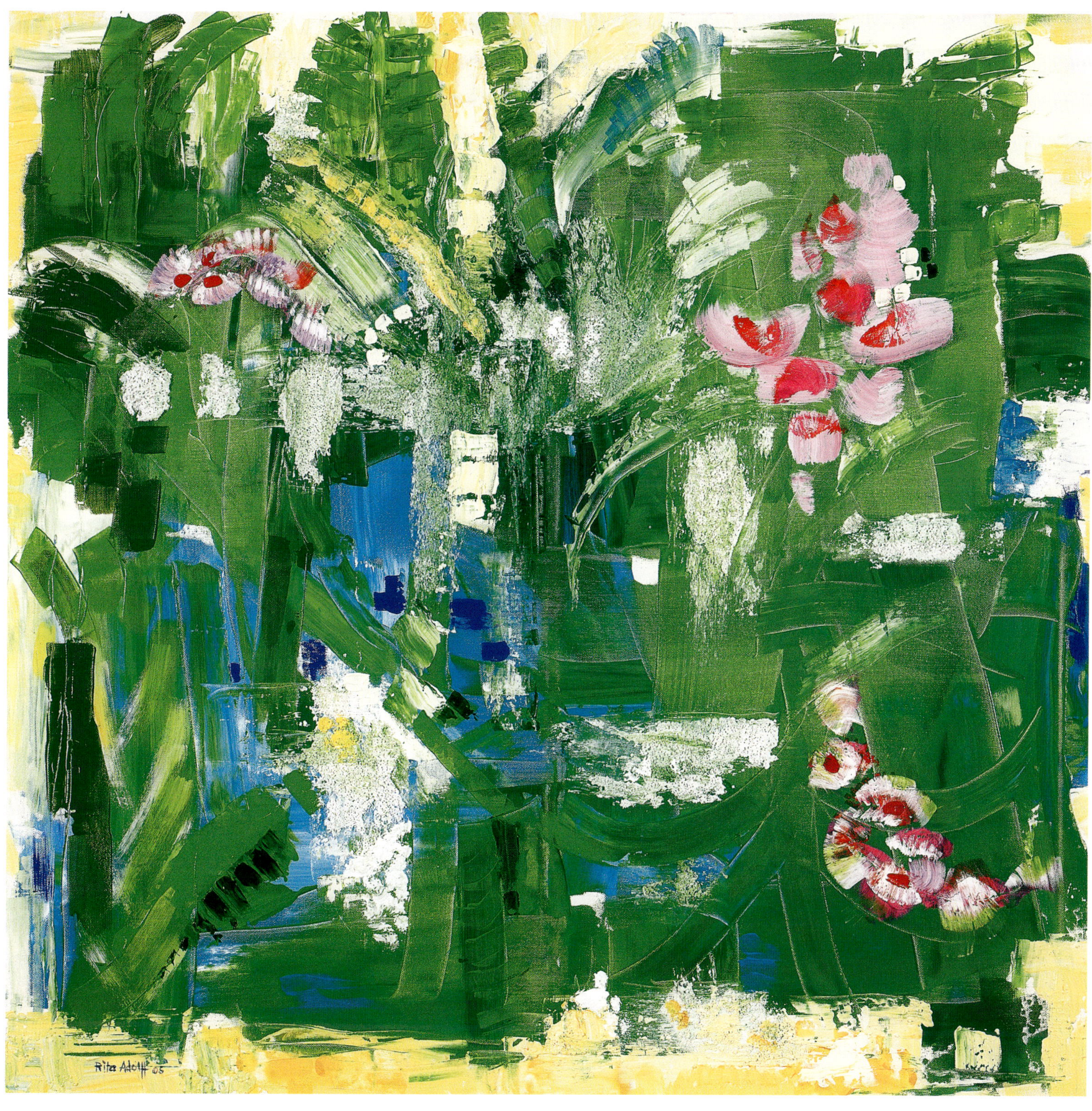

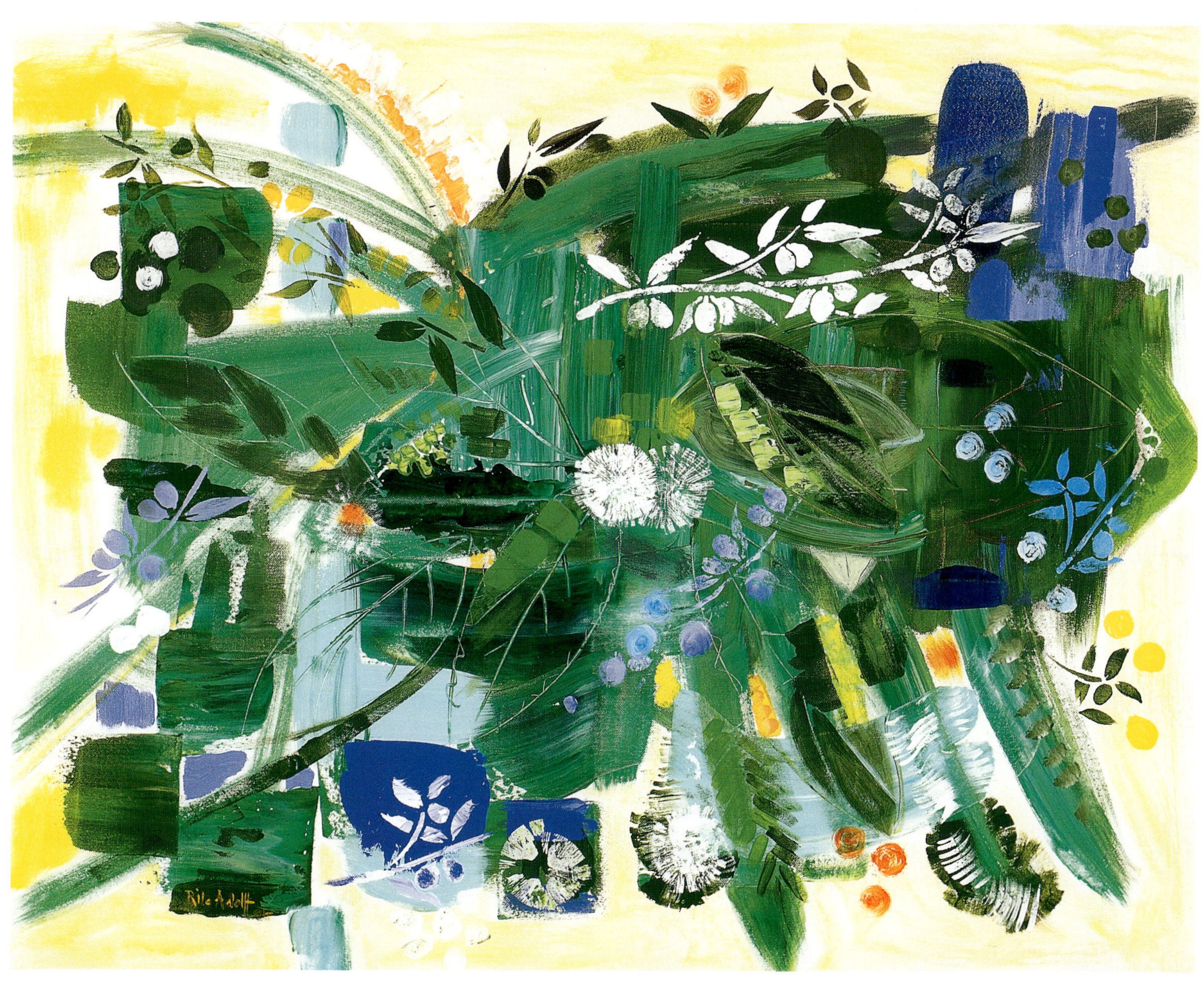

72 Floreszenz, 2006, Acryl auf Leinwand, 100 x 80 cm

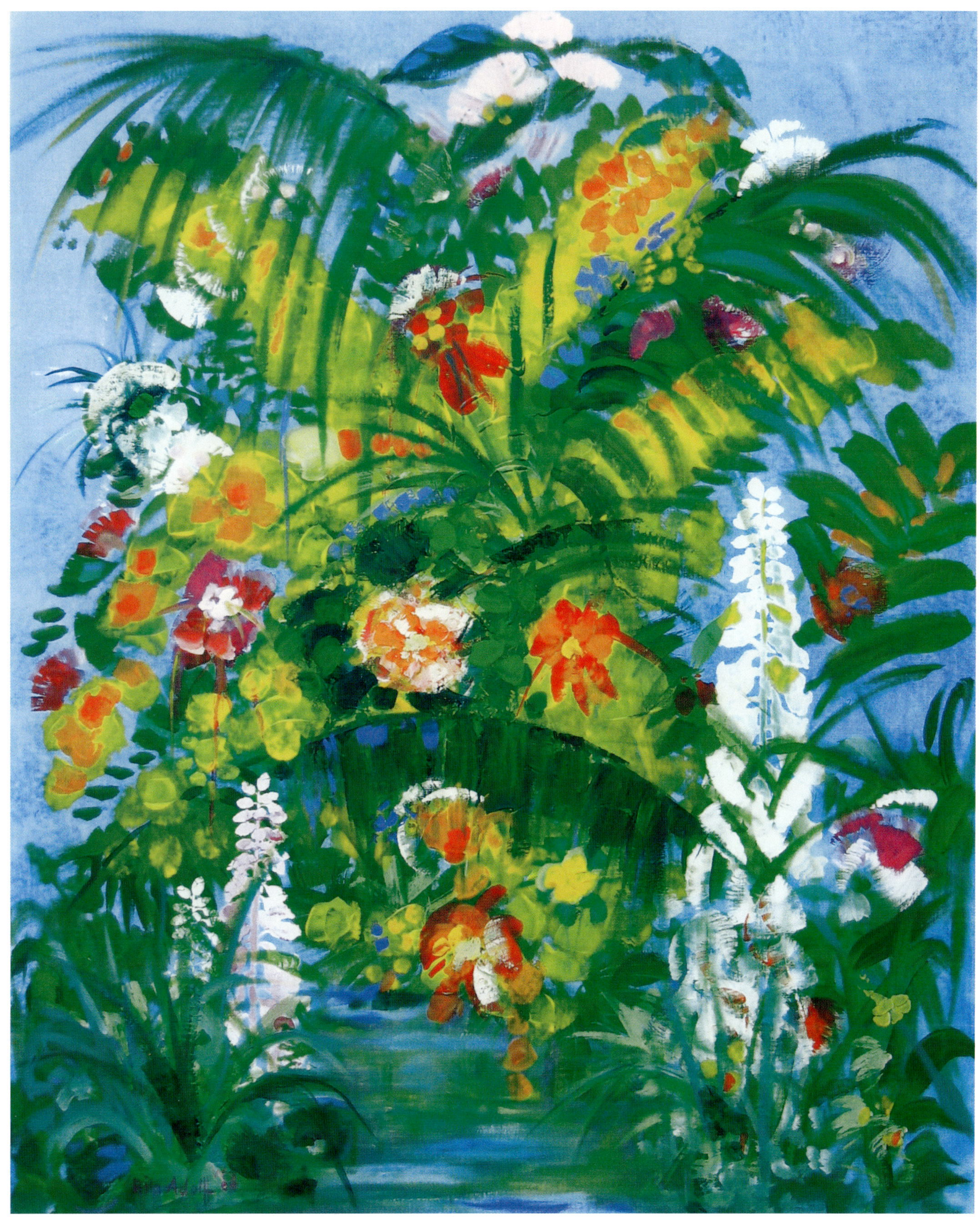

10 HALLUZINATION, 2004, Acryl auf Leinwand, 120 x 100 cm

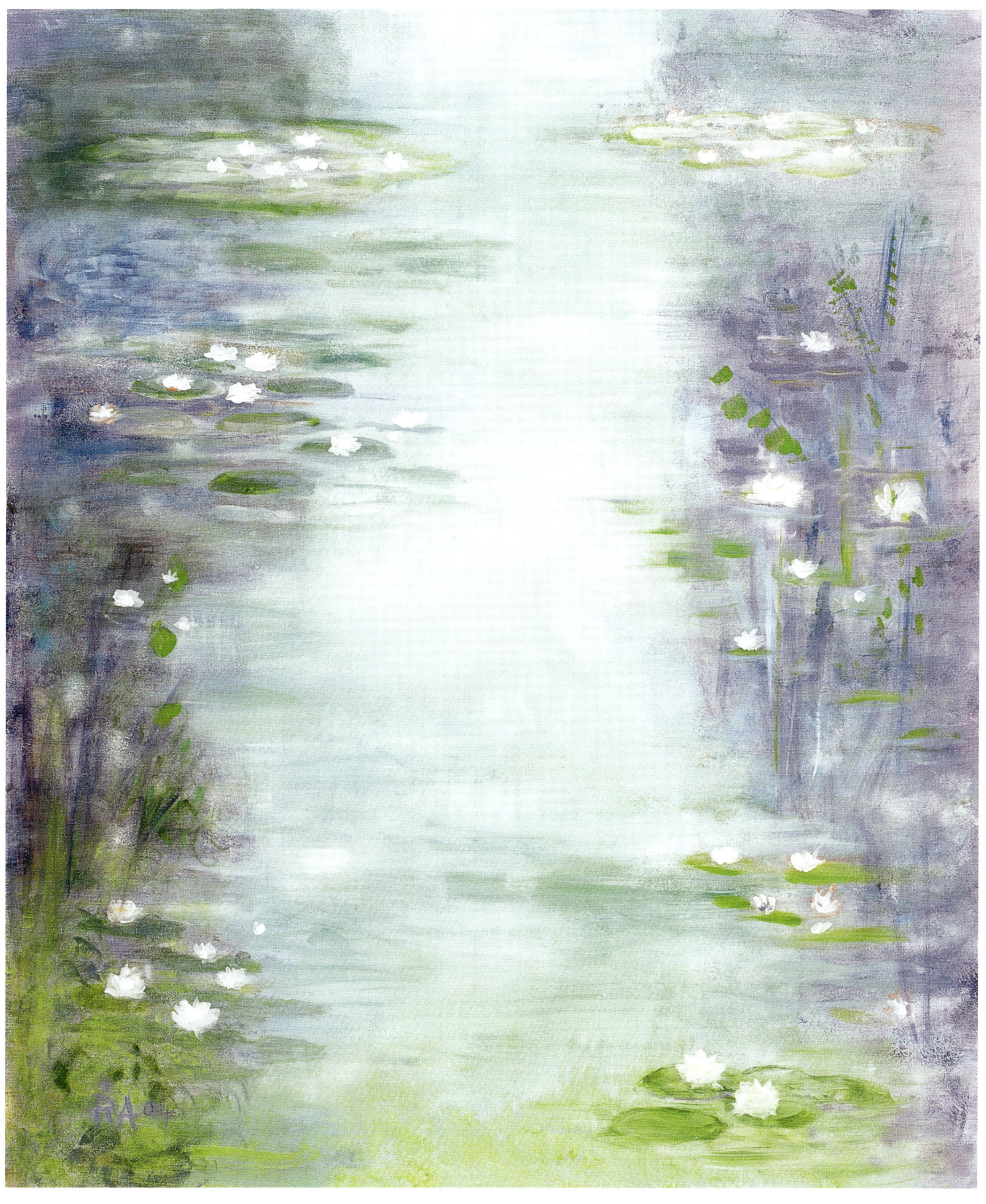

15 **BLAUE IMPRESSION – WASSERROSEN**, 2003,
Acryl auf Leinwand, 116 x 81,5 cm

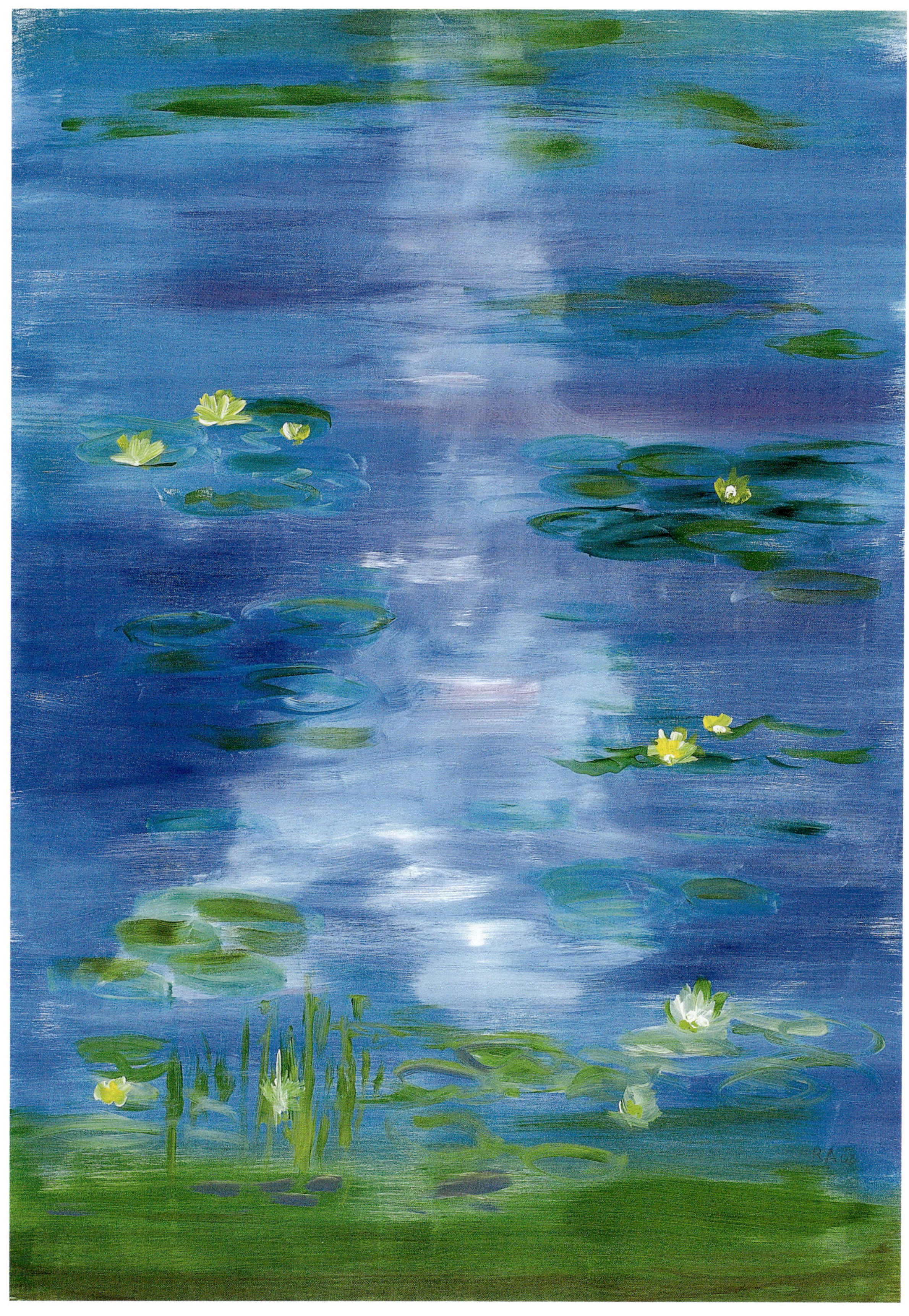

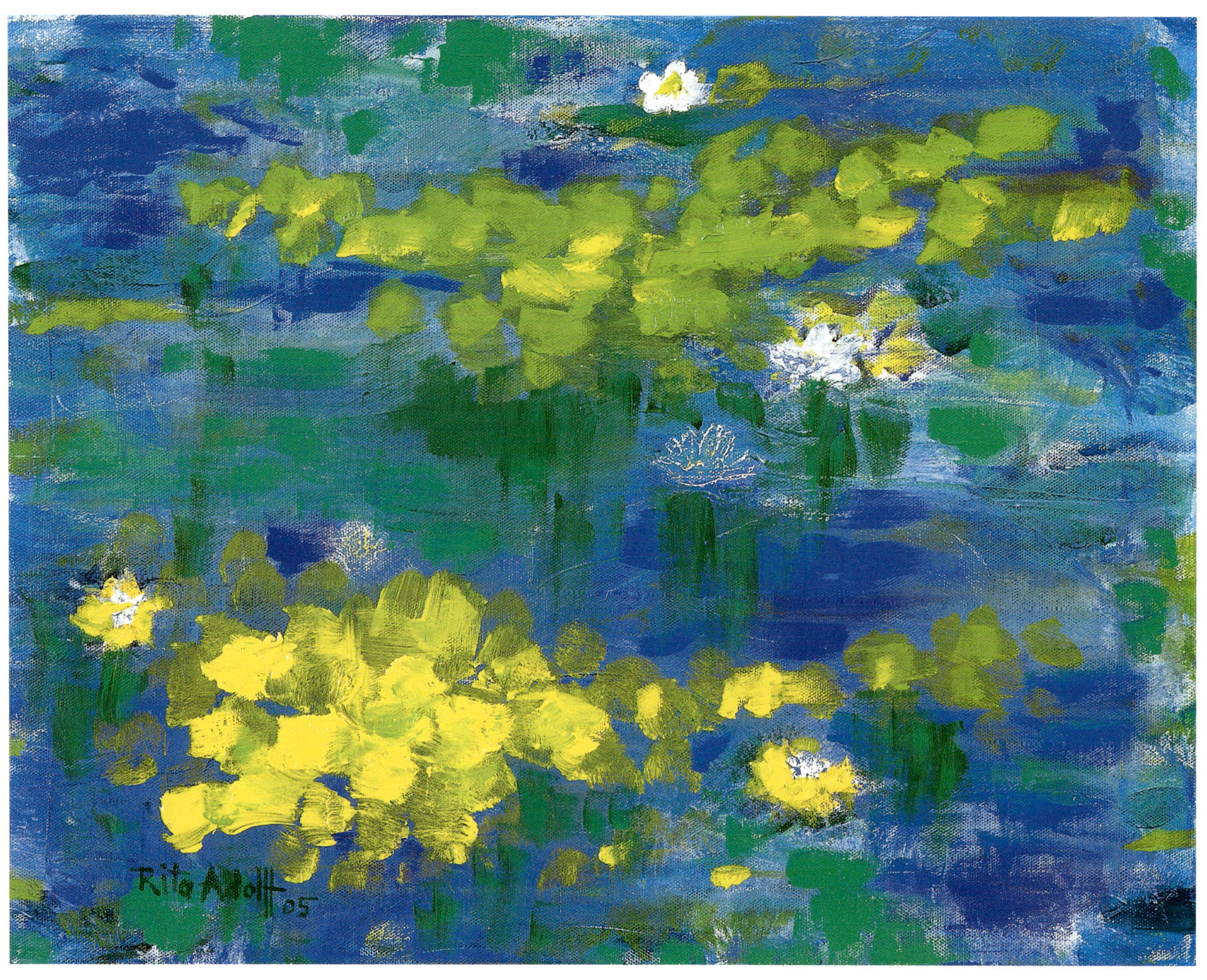

37 **KLEINER SEE**, 2005, Acryl auf Leinwand, 40 x 50 cm

44 **GLÄSERNE SONNE**, 2005, Sand und Acryl auf Leinwand, 80 x 80 cm

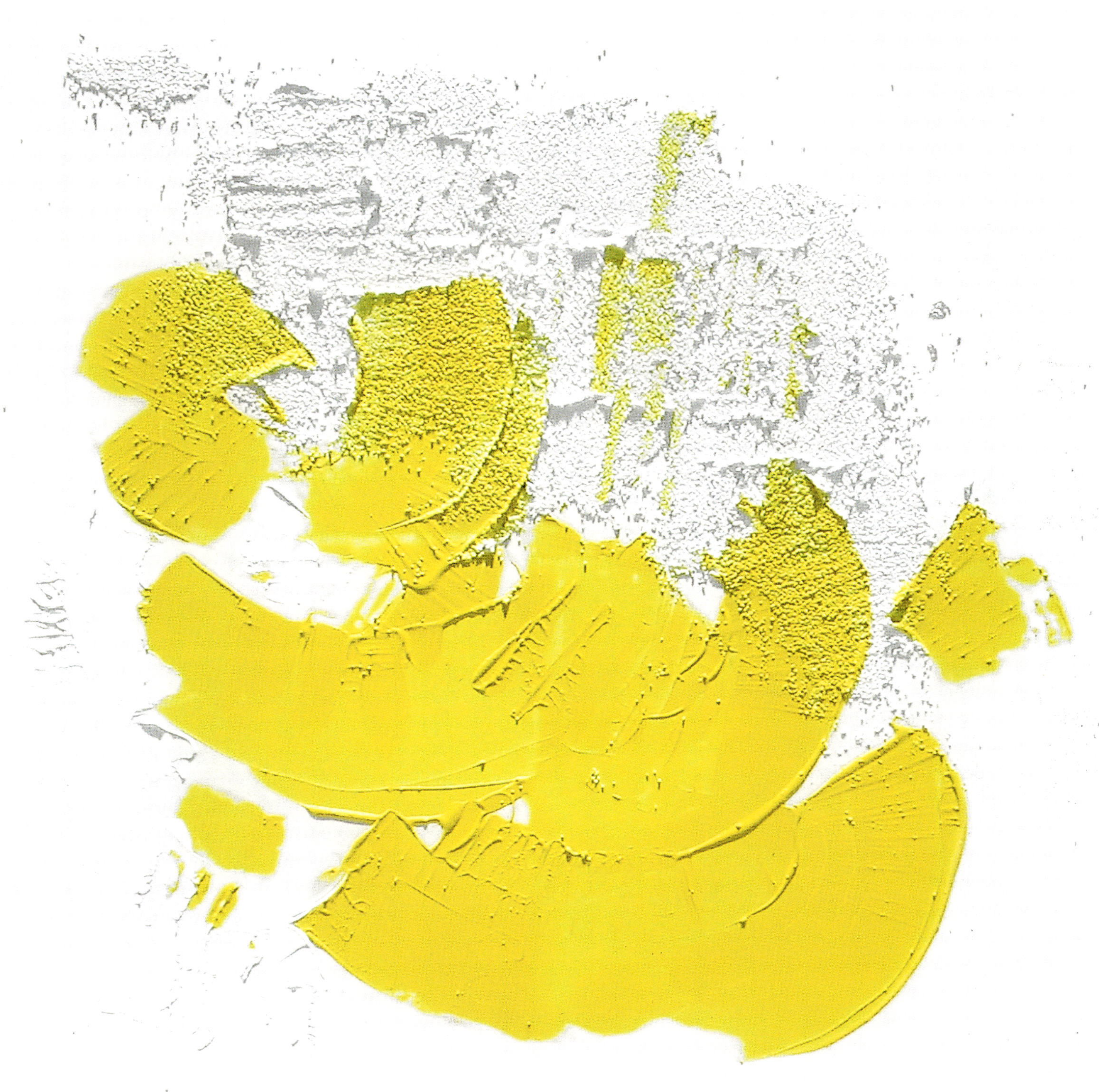

56 Blue Lagoon, 2005, Acryl auf Karton, 76 x 60,5 cm

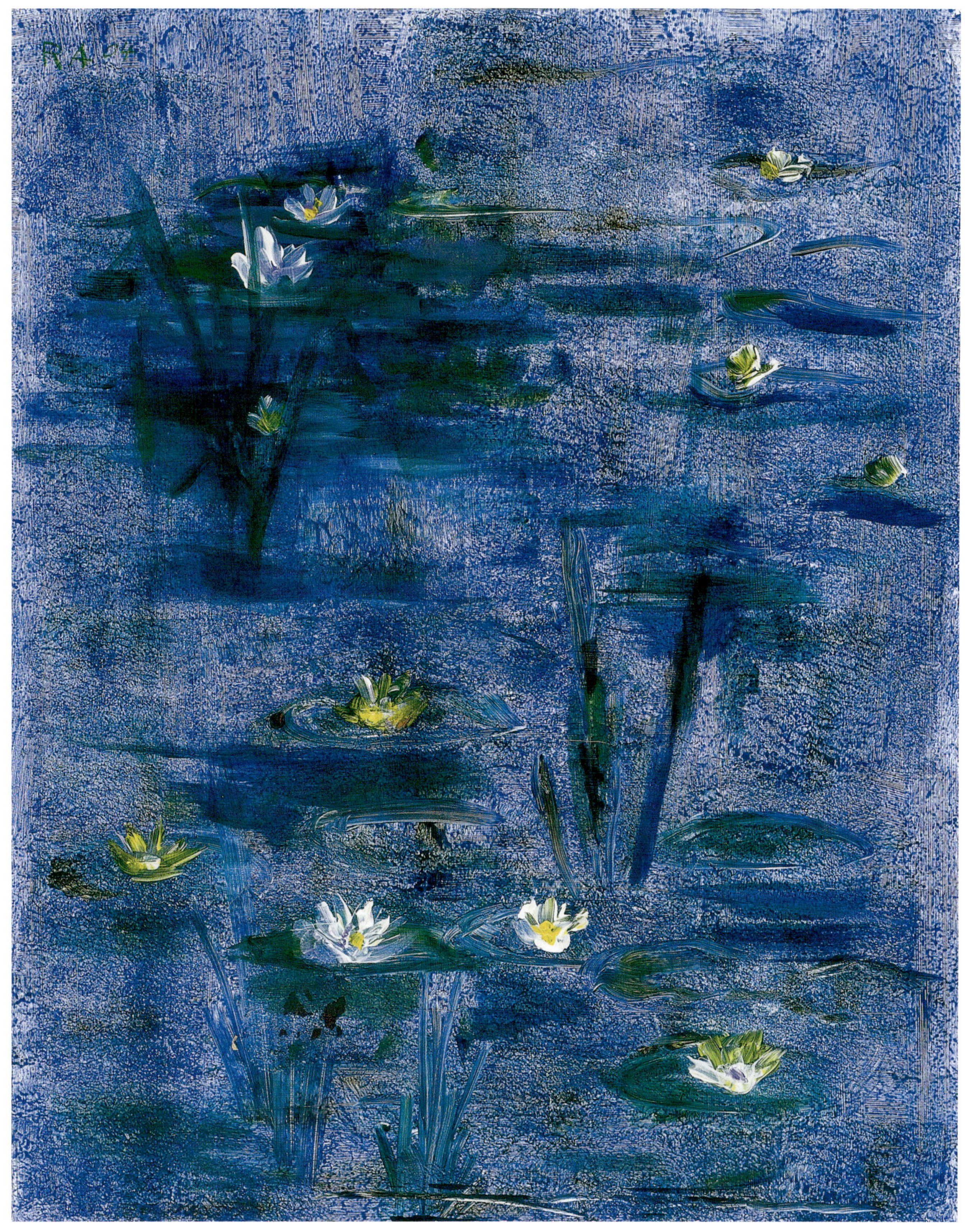

6 Inseln im Strom, 2005, Acryl auf Leinwand, 80 x 80 cm

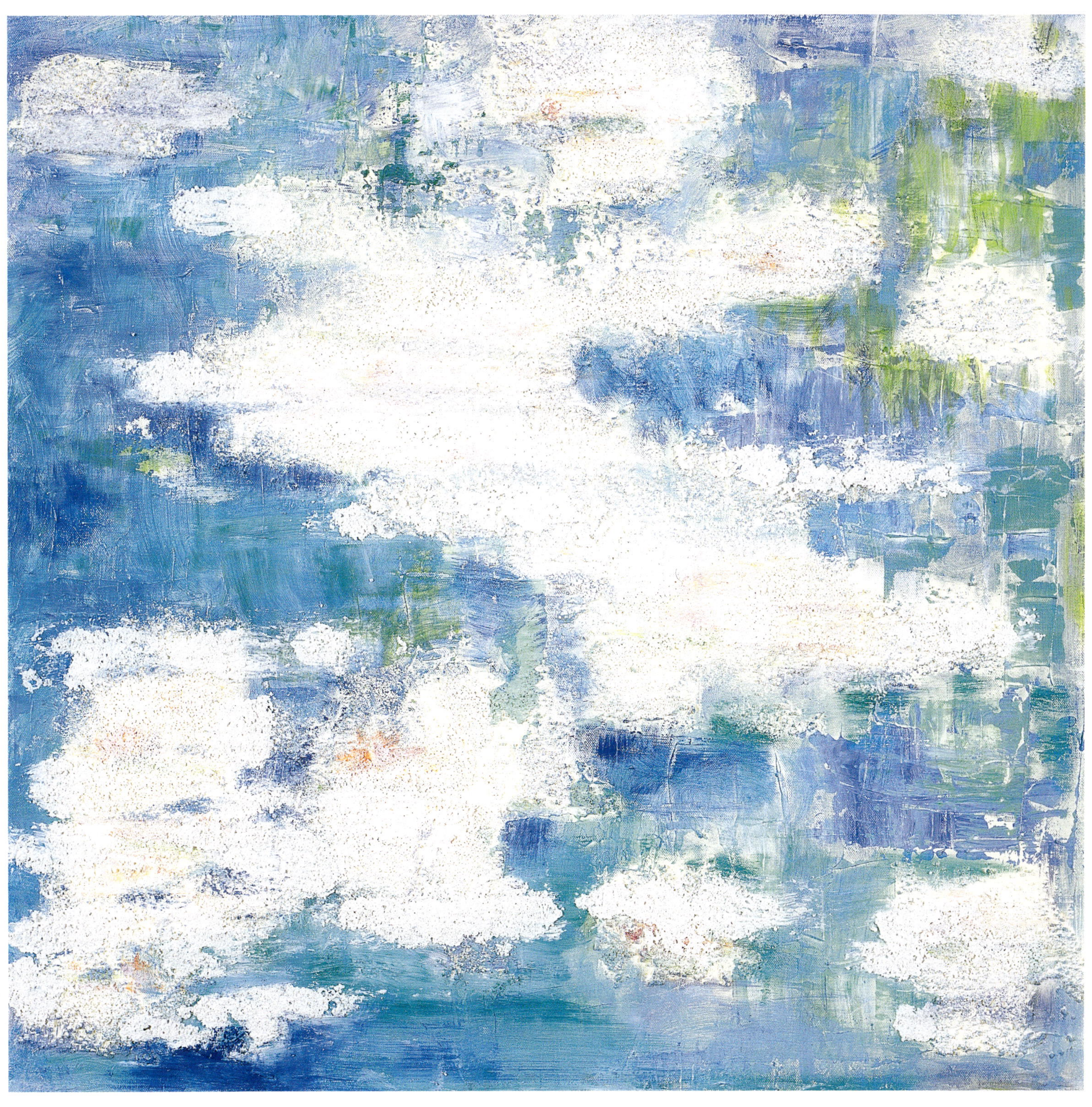

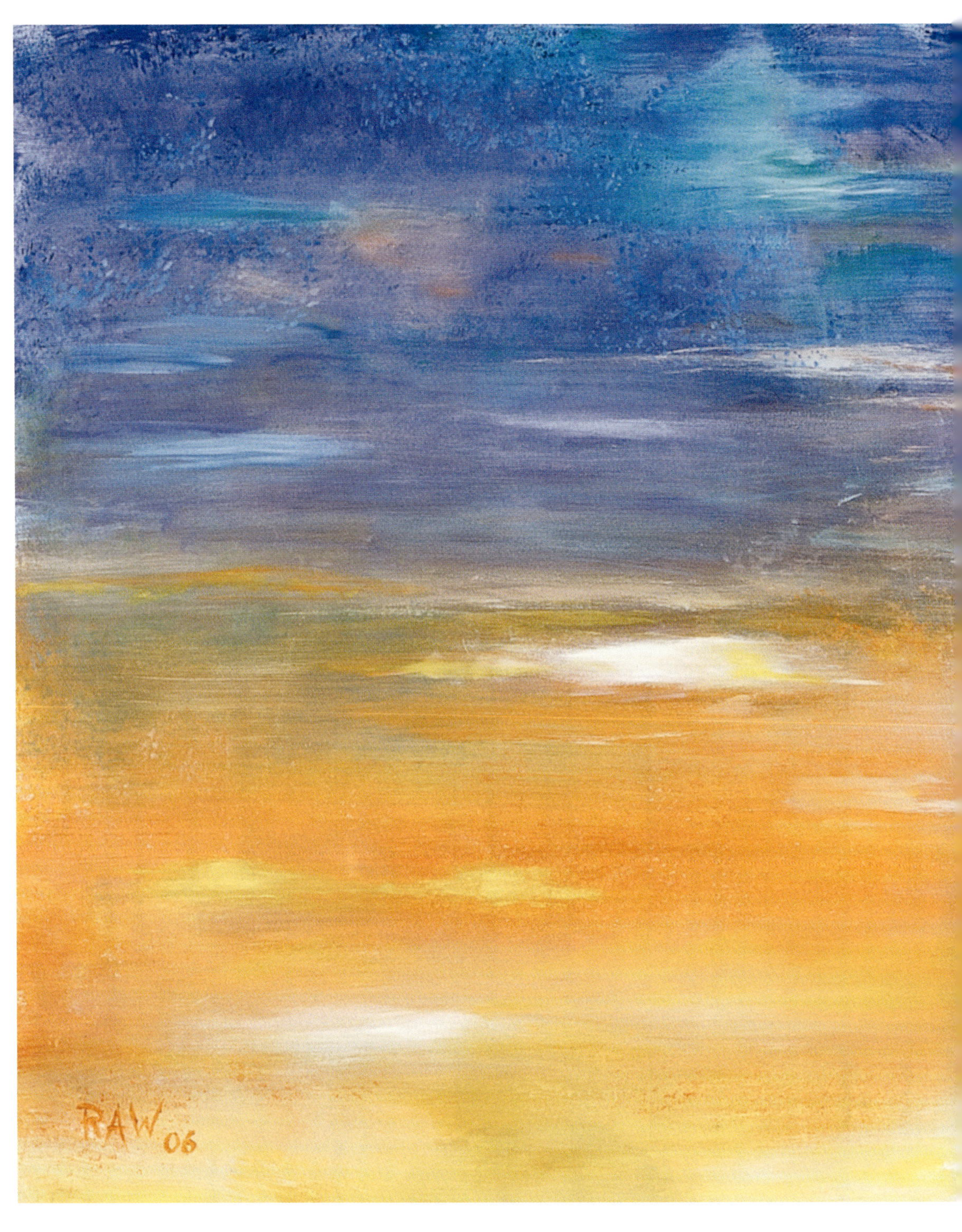

70 Amun-Re, 2006, Acryl auf Leinwand, 100 x 200 cm

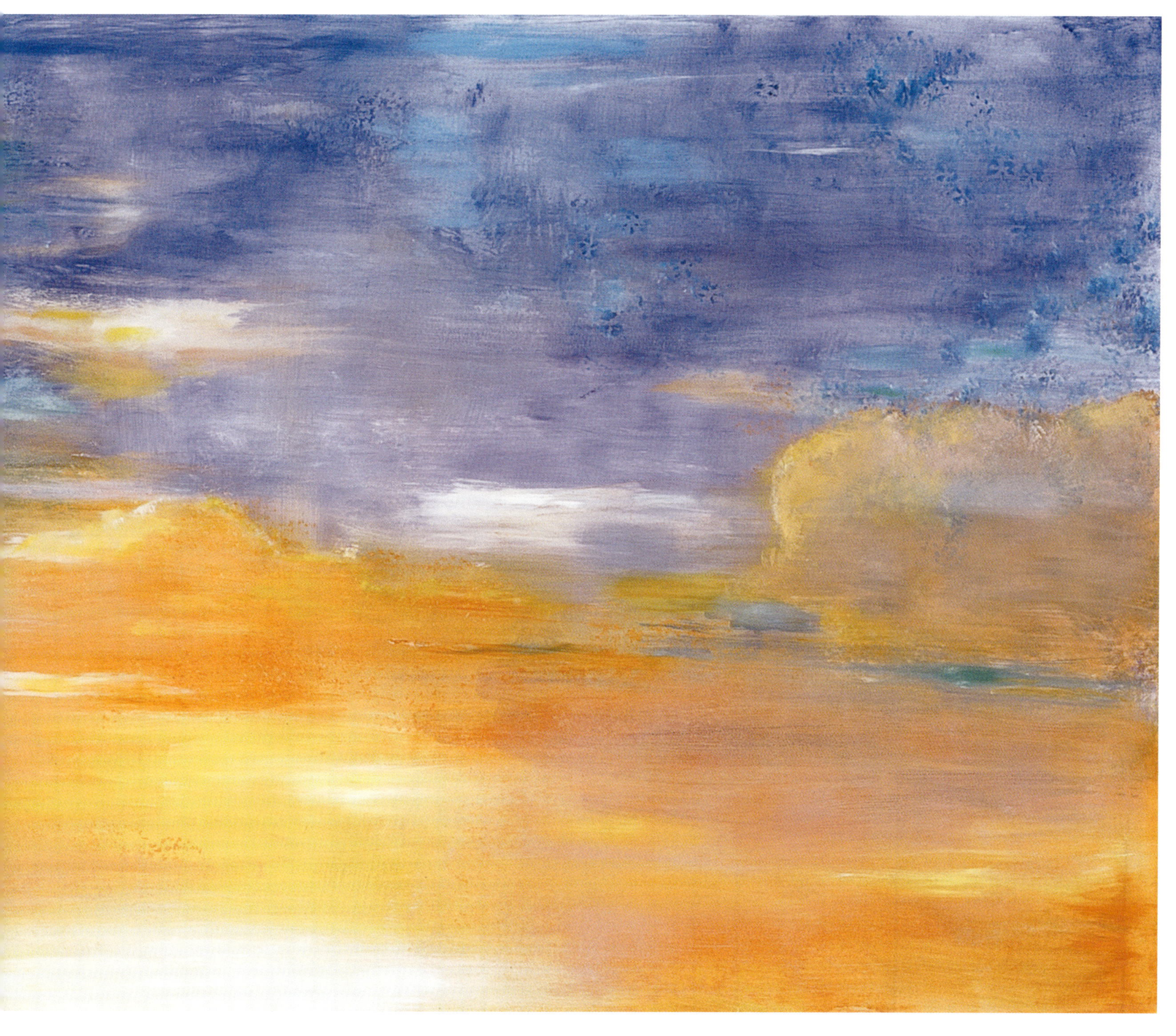

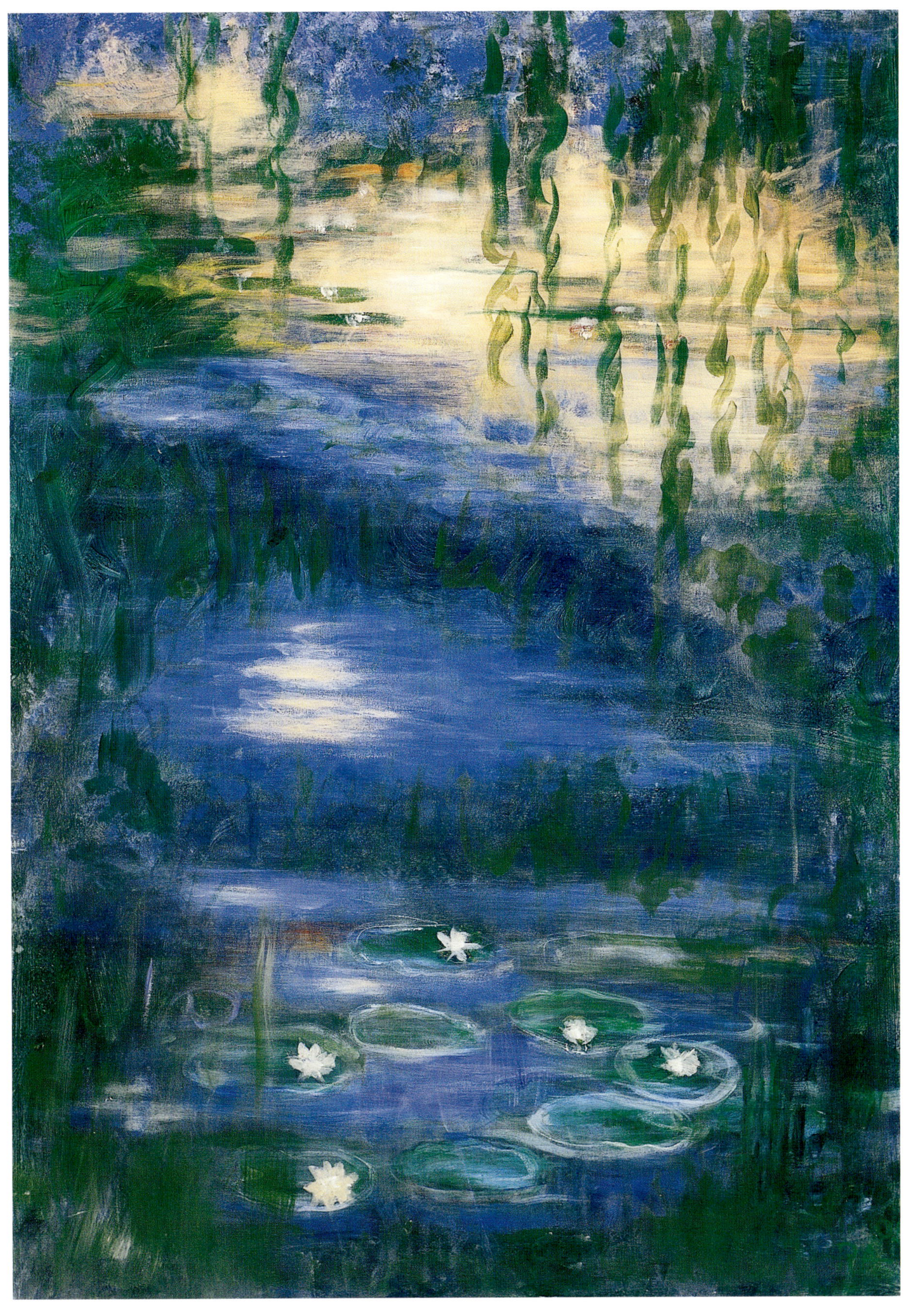

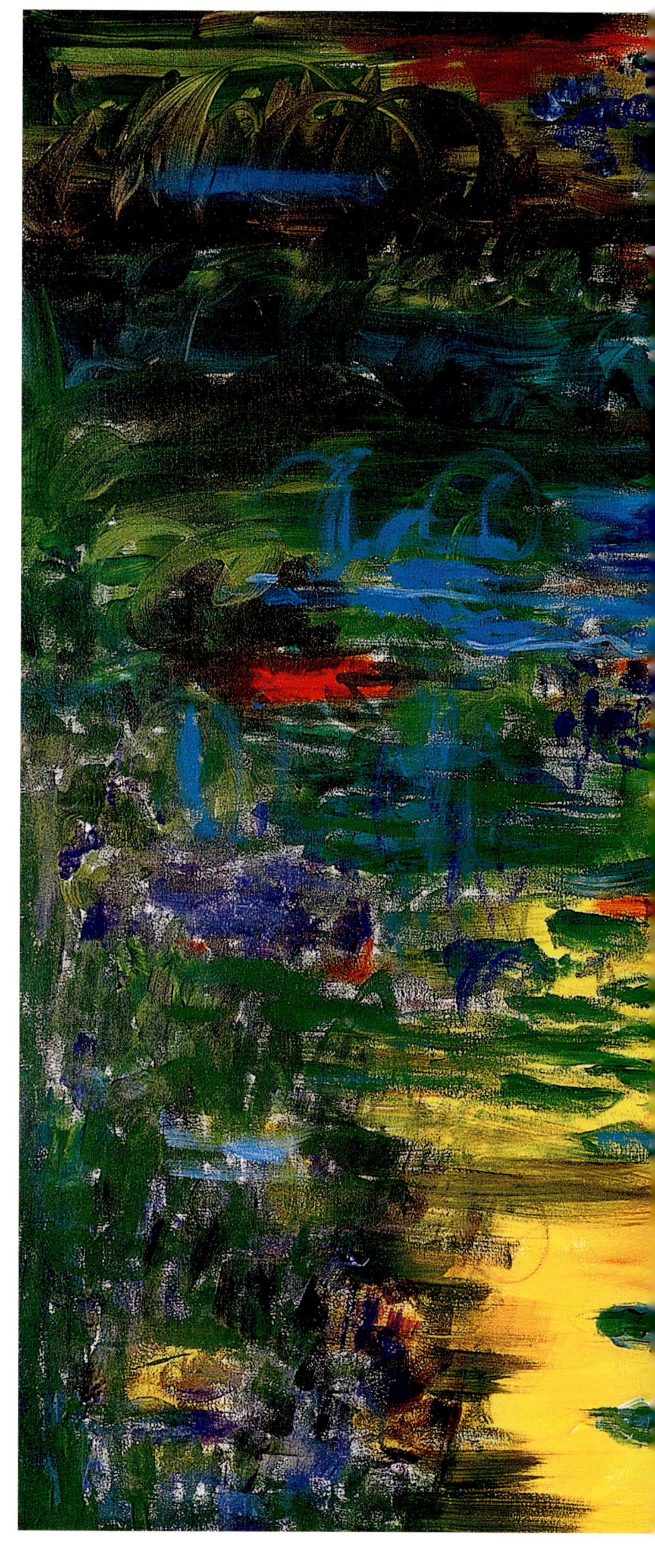

30 NATAL NO ALGARVE, 2004, Acryl auf Leinwand, 100 x 140 cm

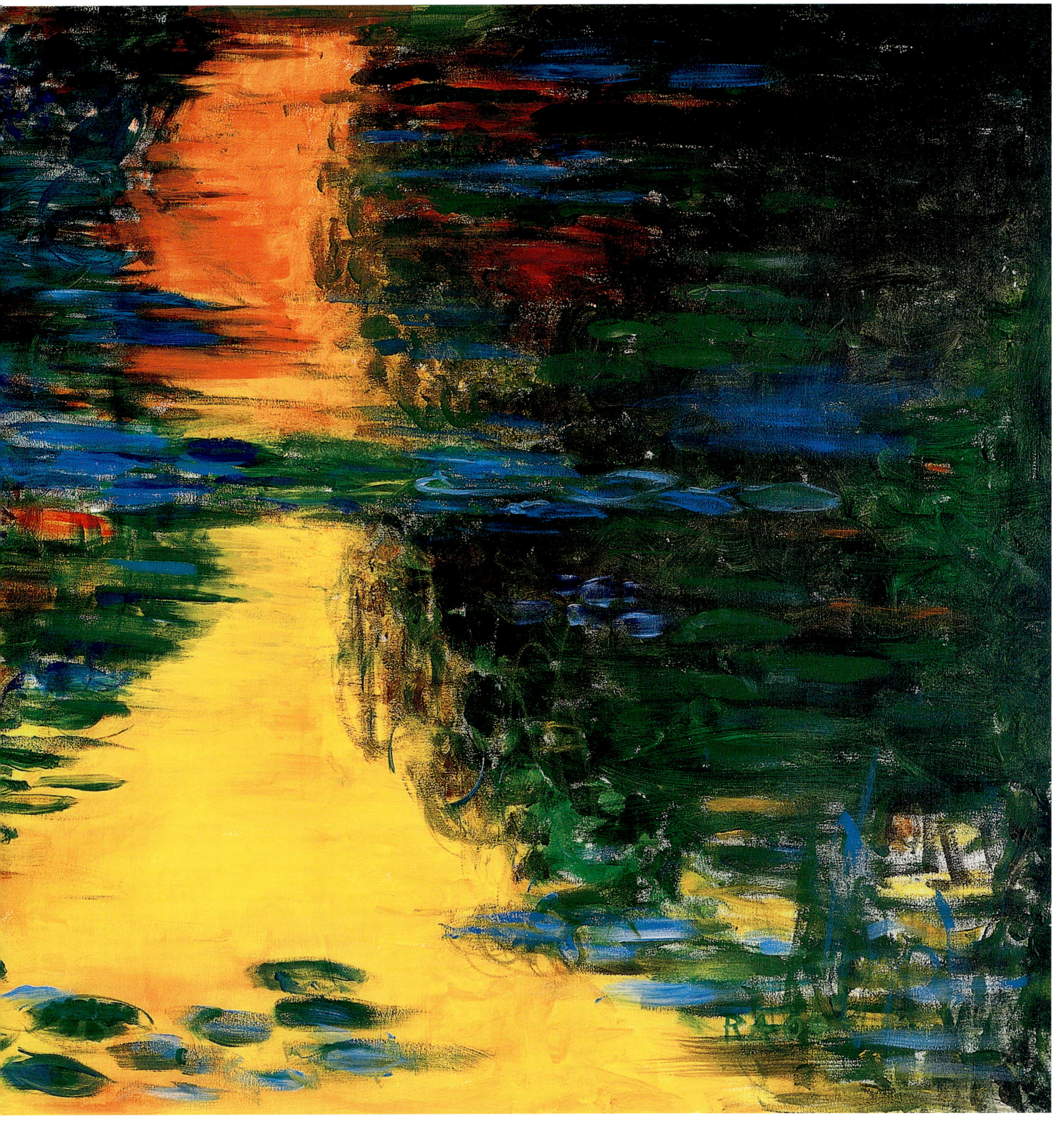

5 GALAKTISCHER DIALOG, 2005, Öl auf Leinwand, 100 x 80 cm

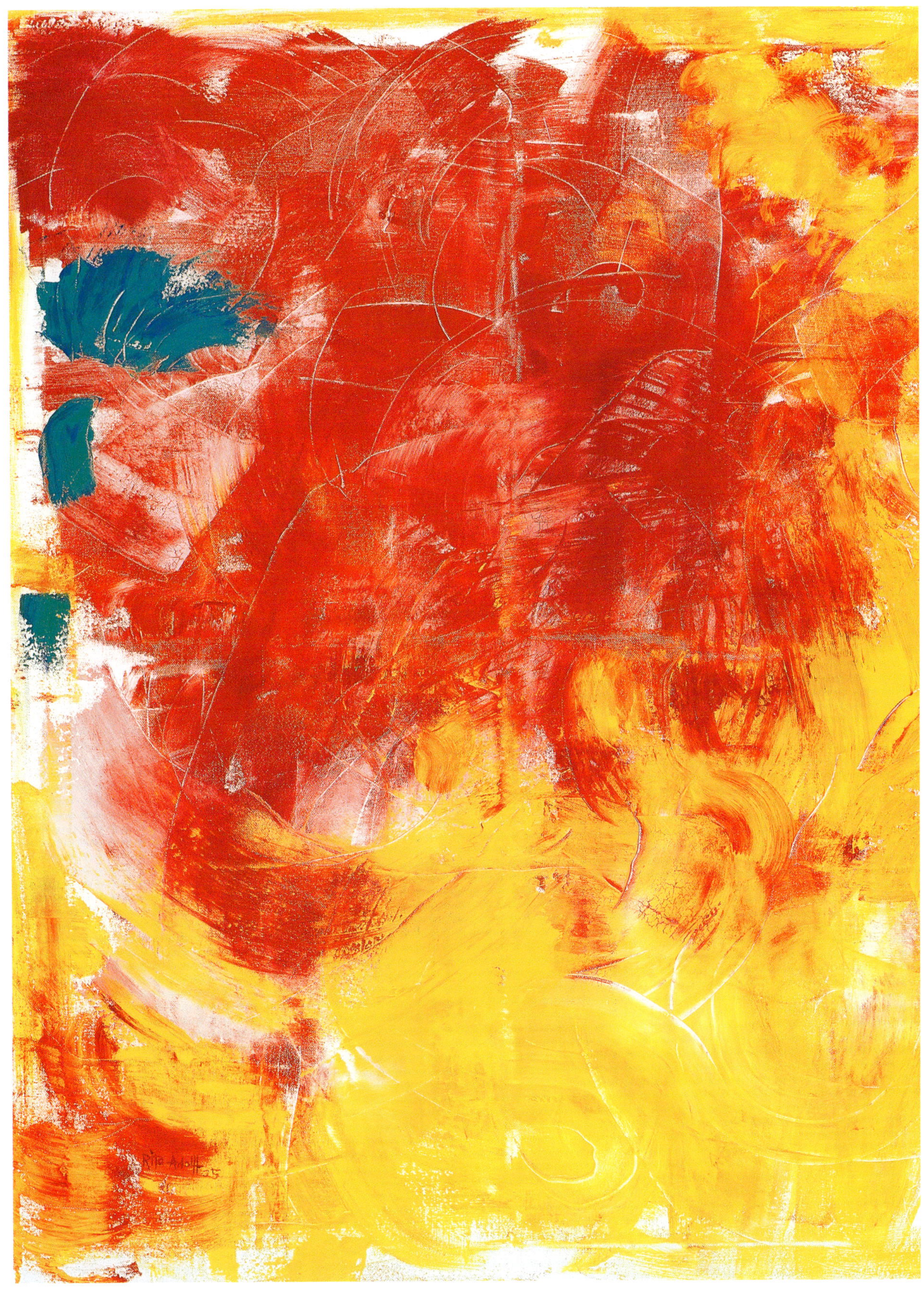

60 FARO BEI NACHT, 2004, Acryl auf Leinwand, 42,5 x 56 cm   **4** HIMMEL ÜBER LOULÉ, 2005, Acryl auf Leinwand, 100 x 80 cm

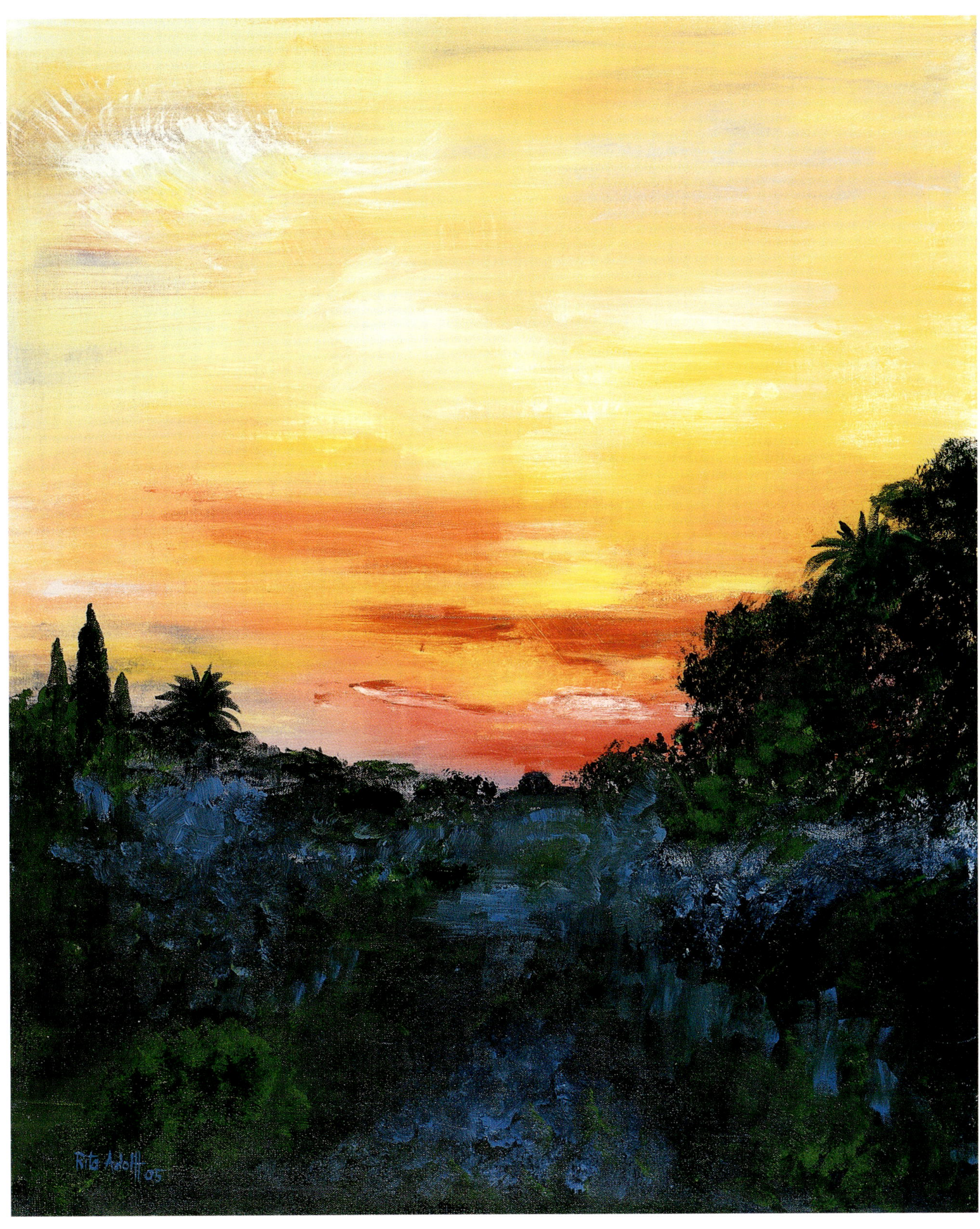

Rita Adolff 05

36 Galaxies, 2005, Mischtechnik und Acryl auf Leinwand, 100 x 100 cm

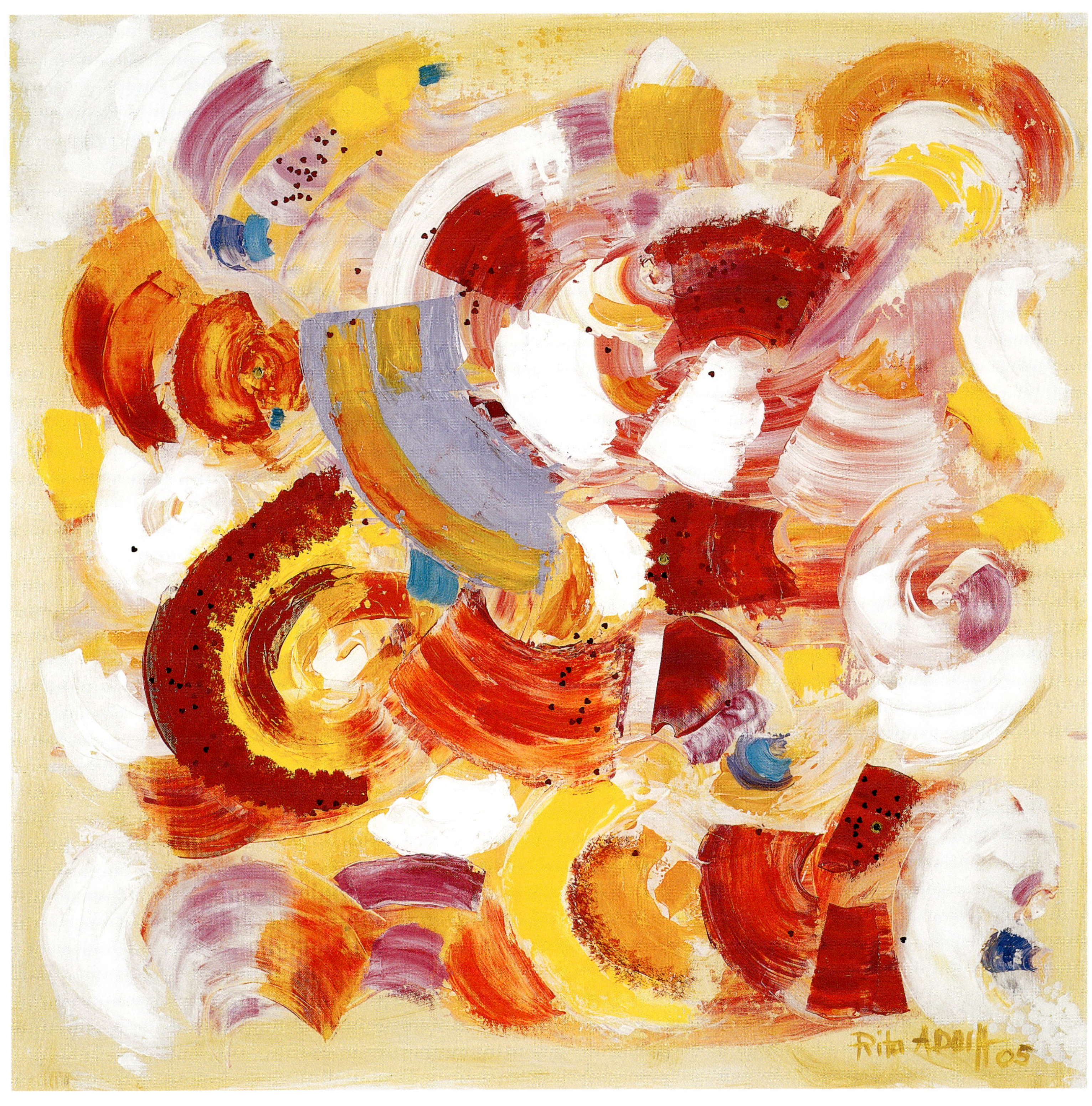

Rita Adolff 05

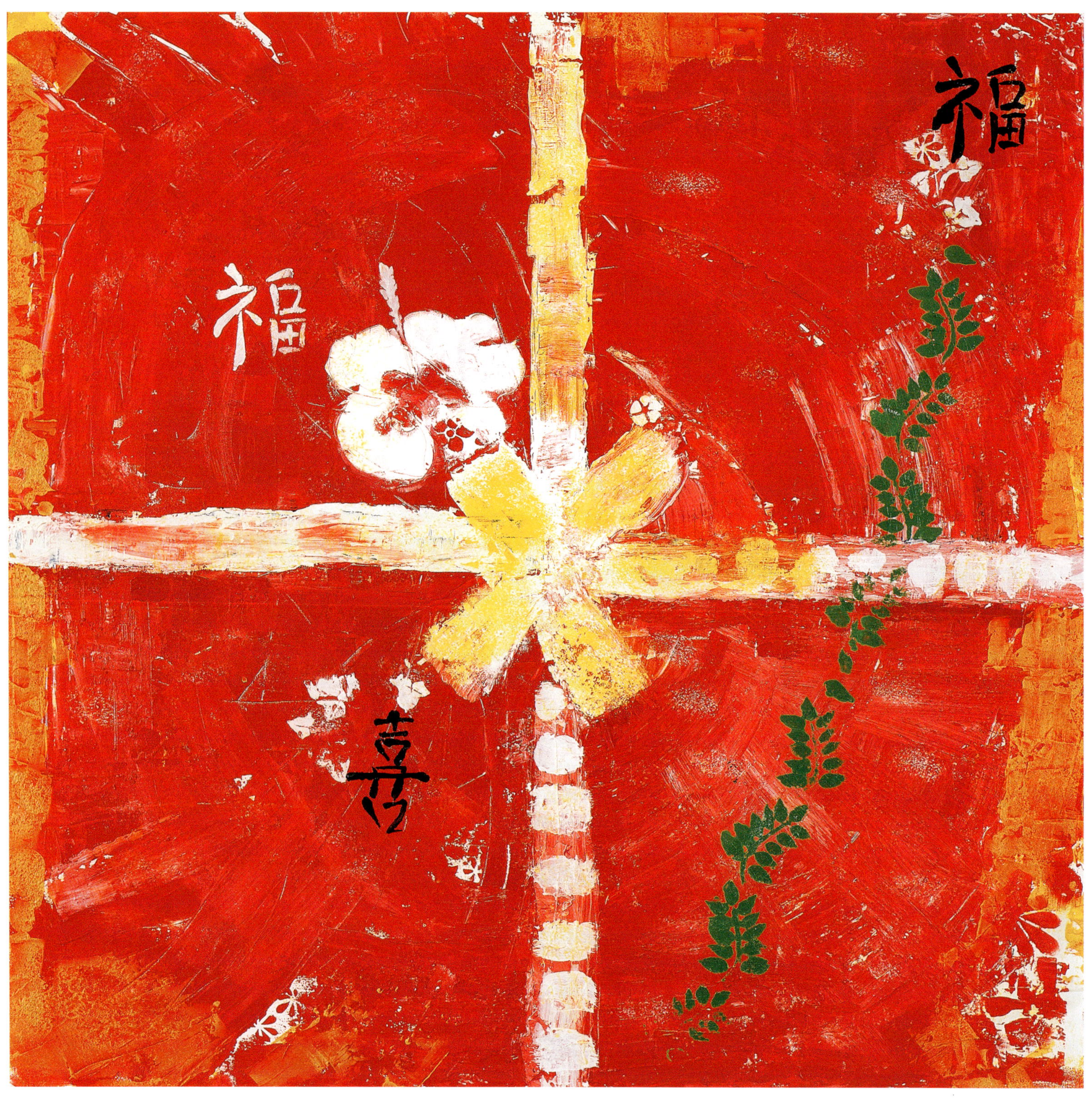

43 Pandoras Parcel, 2004, Acryl auf Leinwand, 90 x 90 cm

59 Herzschlag, 2005, Mischtechnik auf Karton, 80 x 80 cm

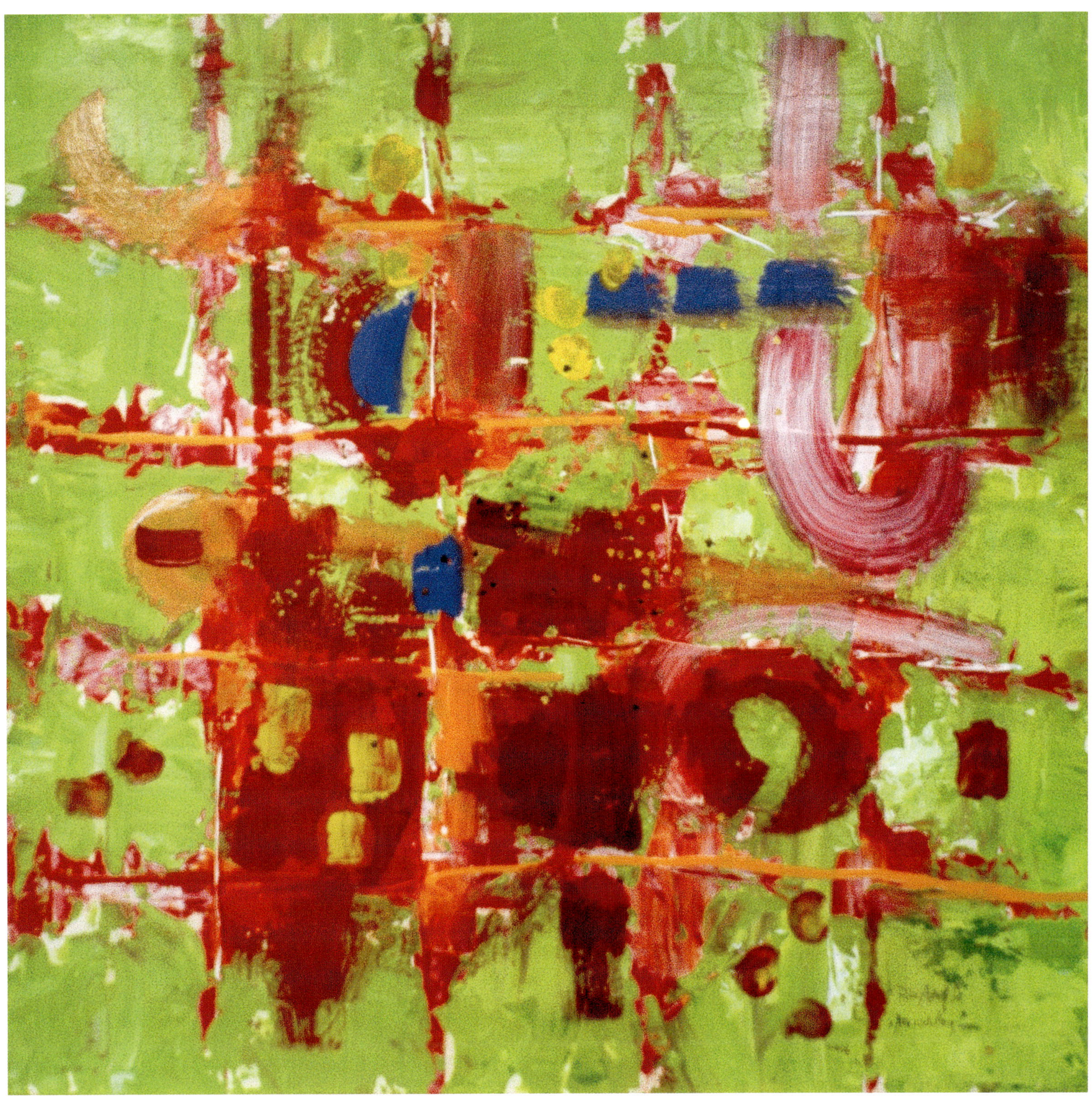

66 Die andere Dimension, 2006, Acryl auf Leinwand, 80 x 80 cm

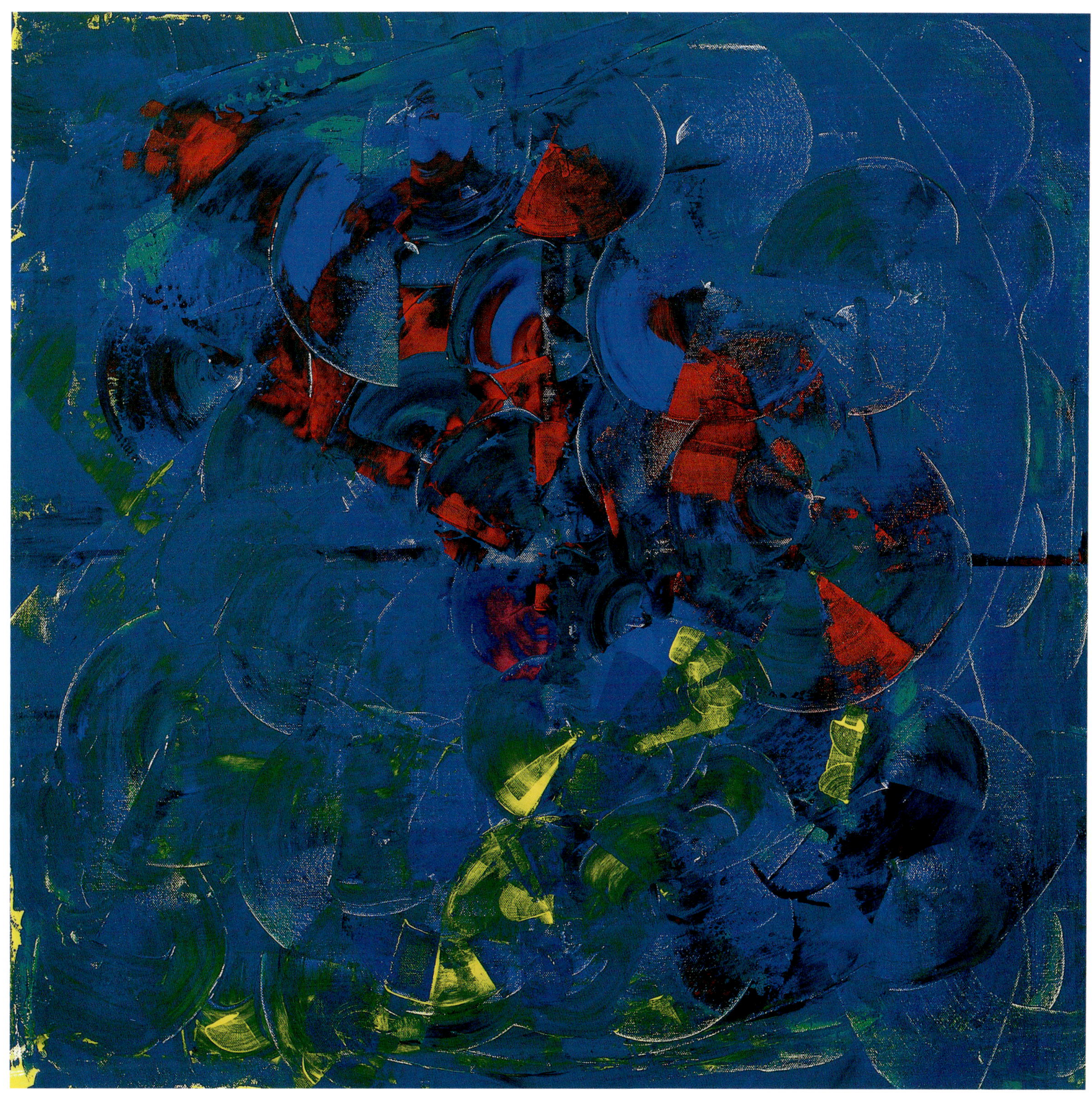

64 **Hommage à Roy Lichtenstein**, 2005,
Acryl auf Leinwand, 100 x 100 cm

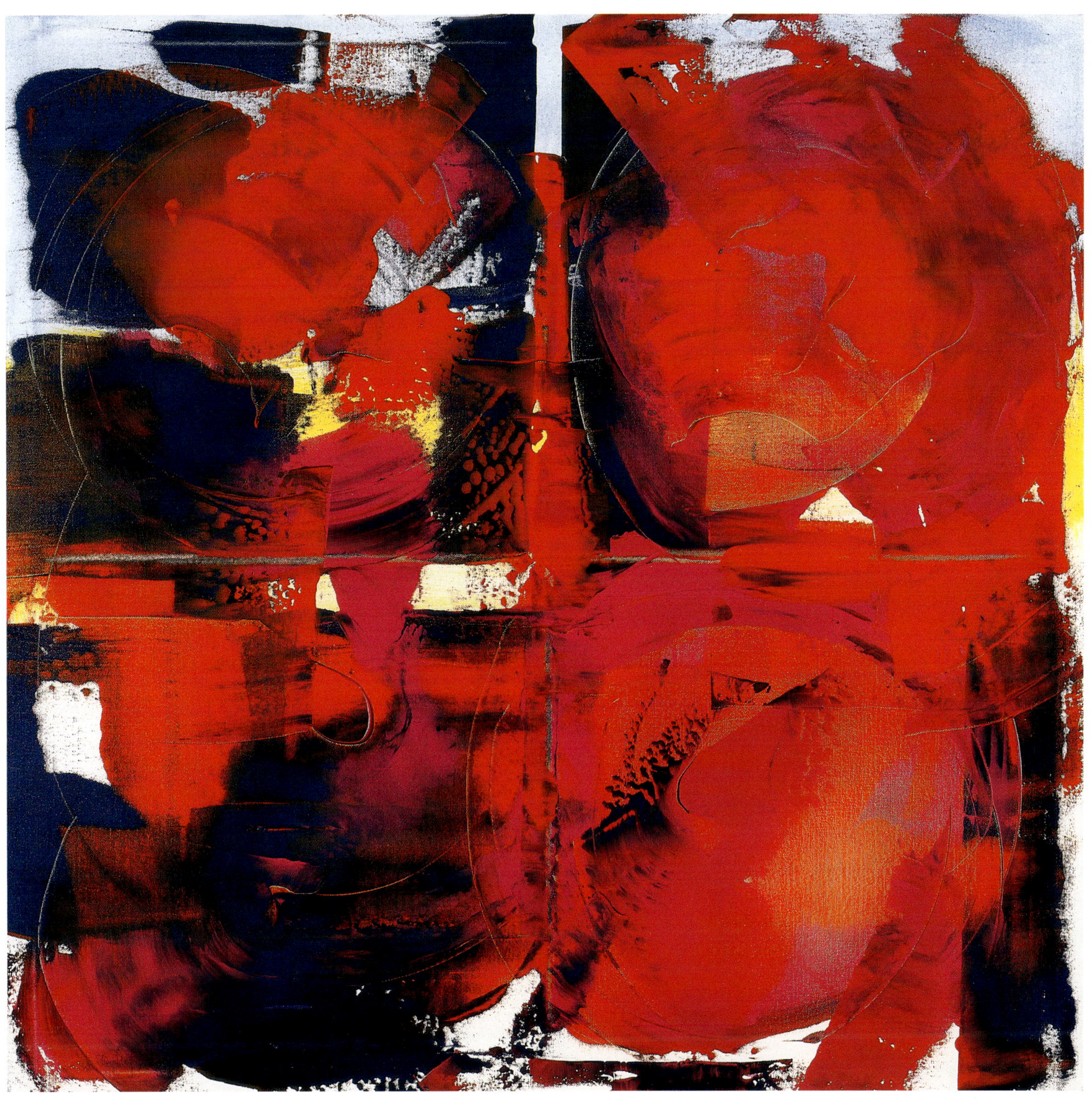

45 ONDA DO GUINCHO, 2005, Acryl auf Leinwand, 60 x 70 cm

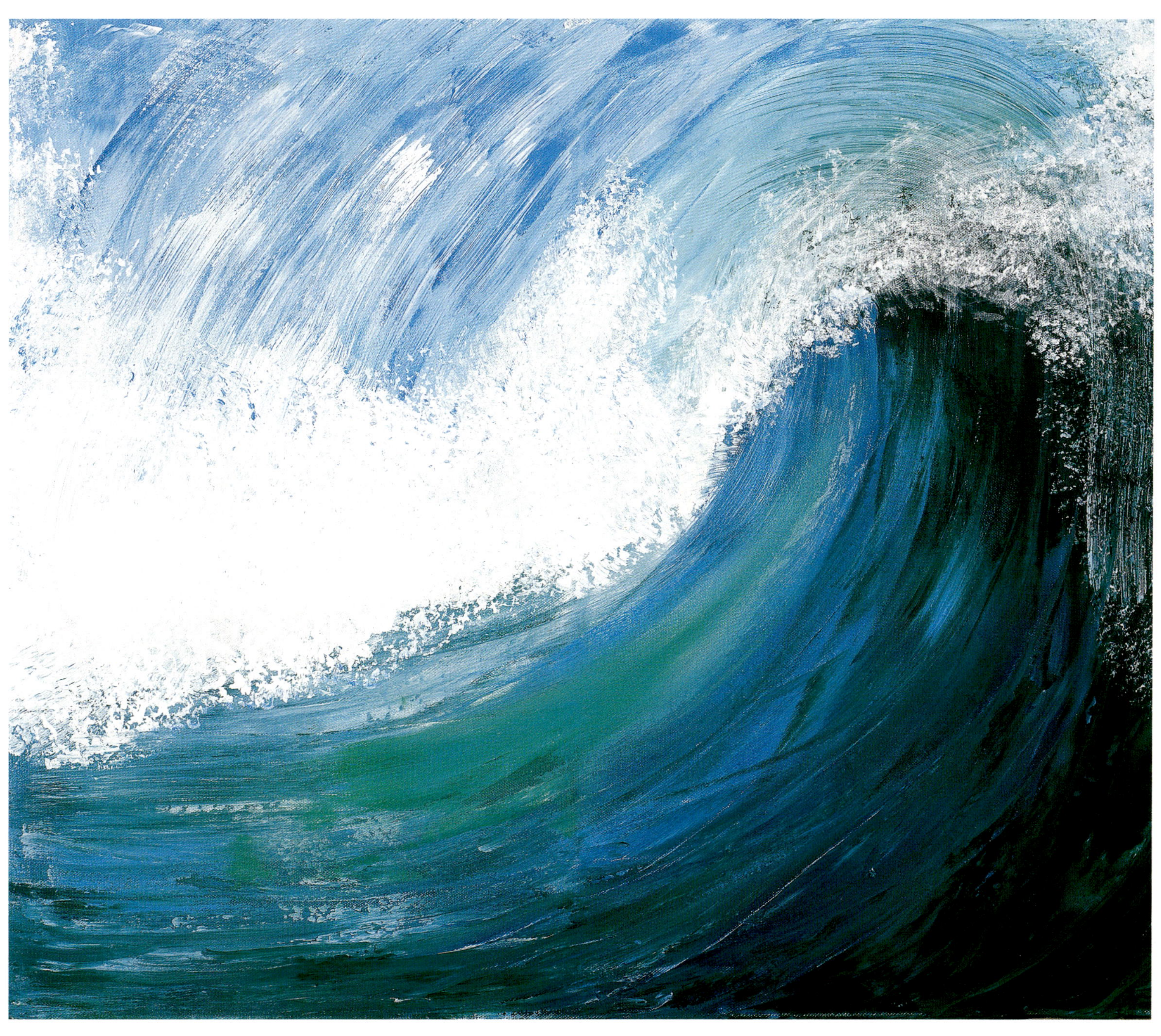

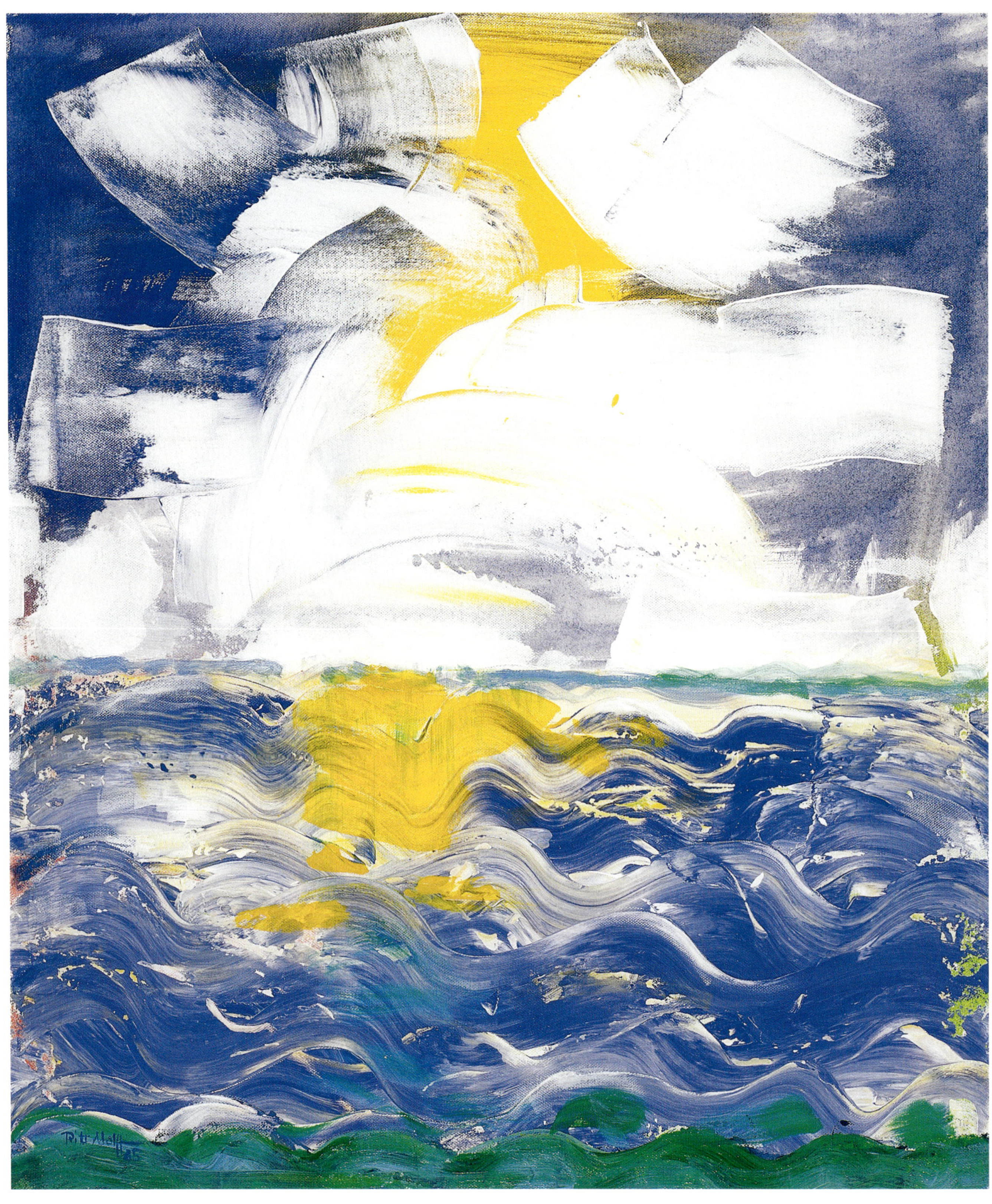

47 Alegria, 2005, Acryl auf Leinwand, 70 x 60 cm   **49 Vasco da Gama**, 2005, Acryl auf Leinwand, 80 x 80 cm

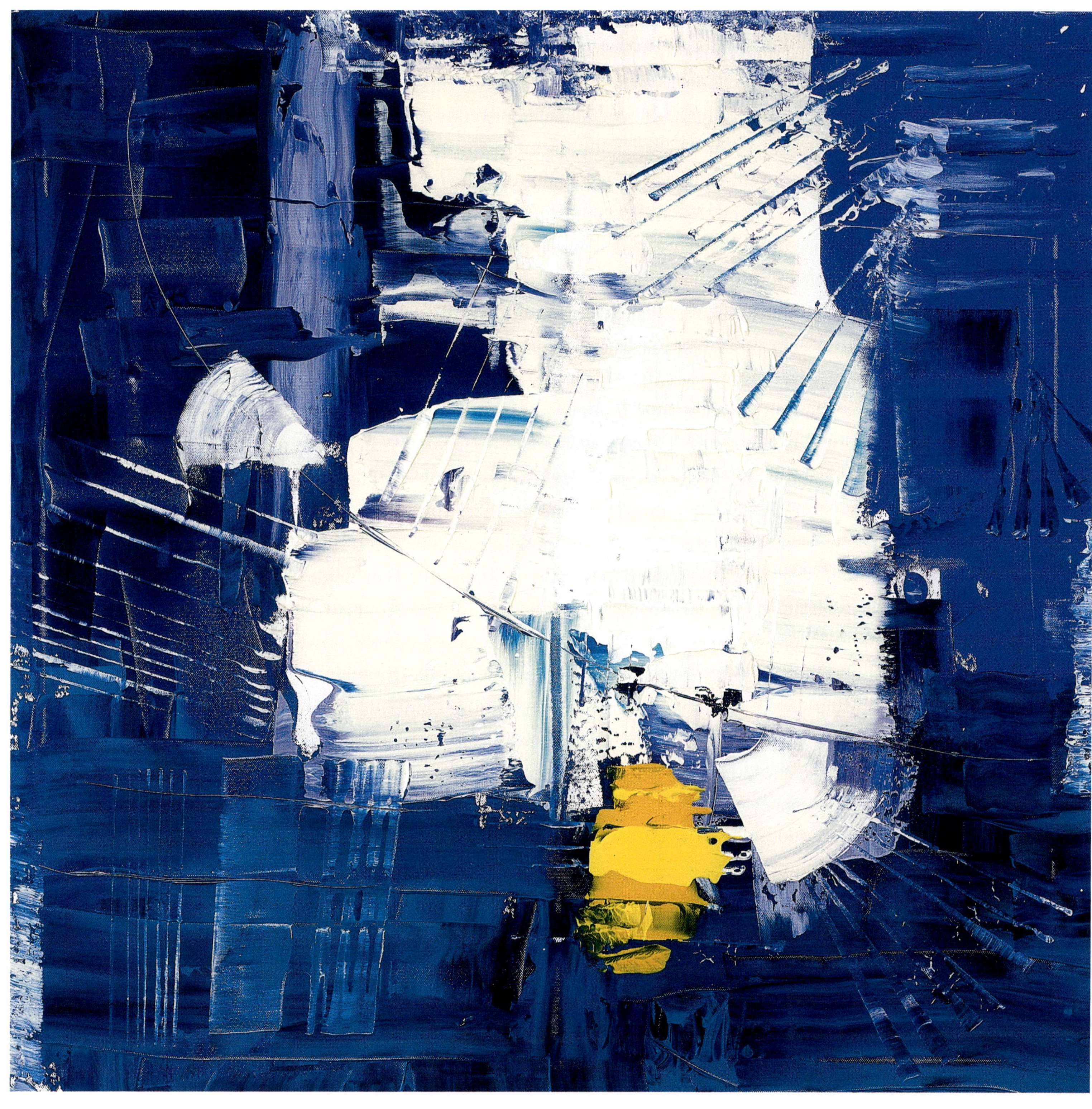

48 Nᴇɢᴀçᴀ̃ᴏ, 2004, Acryl auf Leinwand, 70 x 60 cm

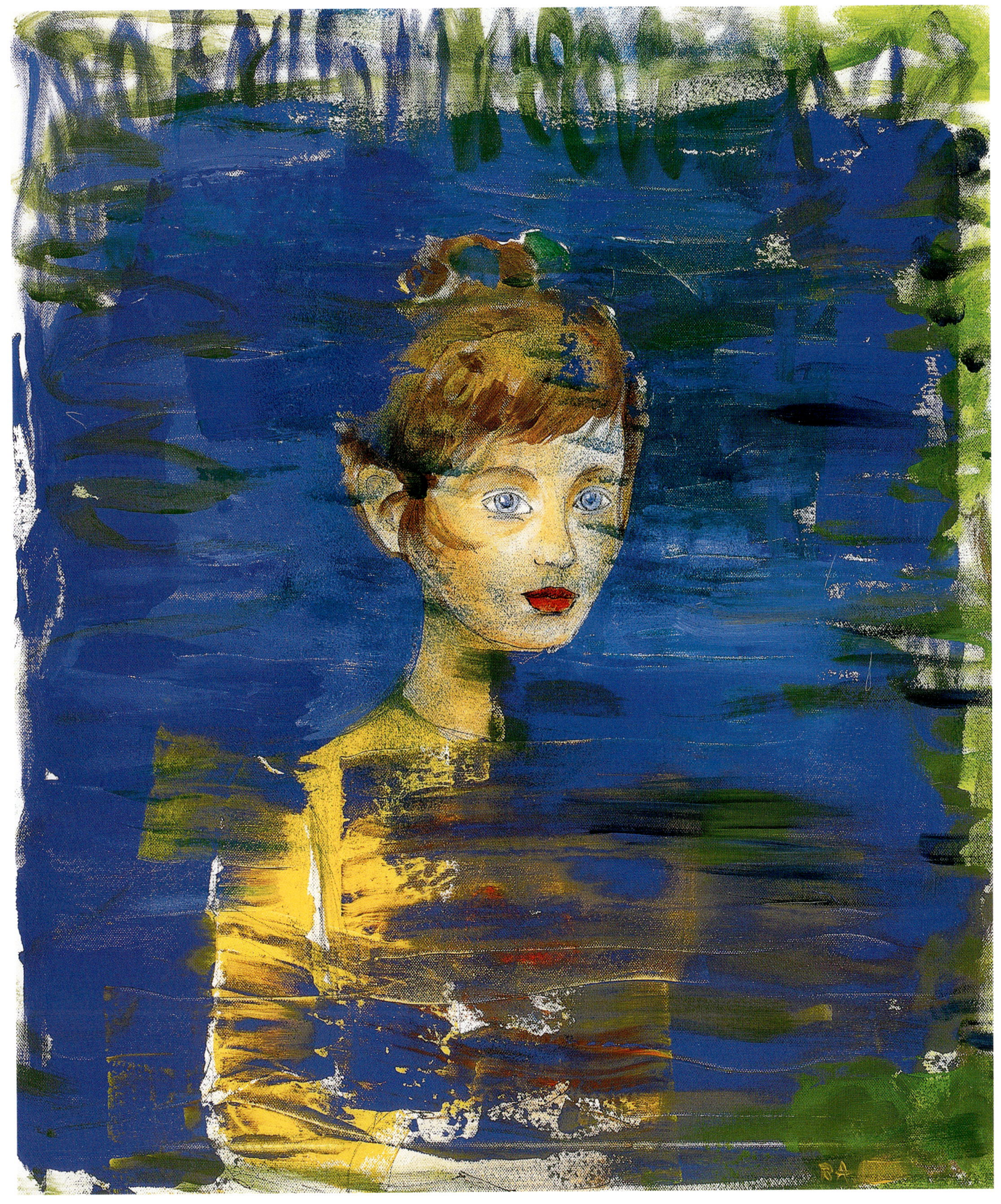

40 Neptuns Children, 2005, Acryl auf Leinwand, 100 x 100 cm

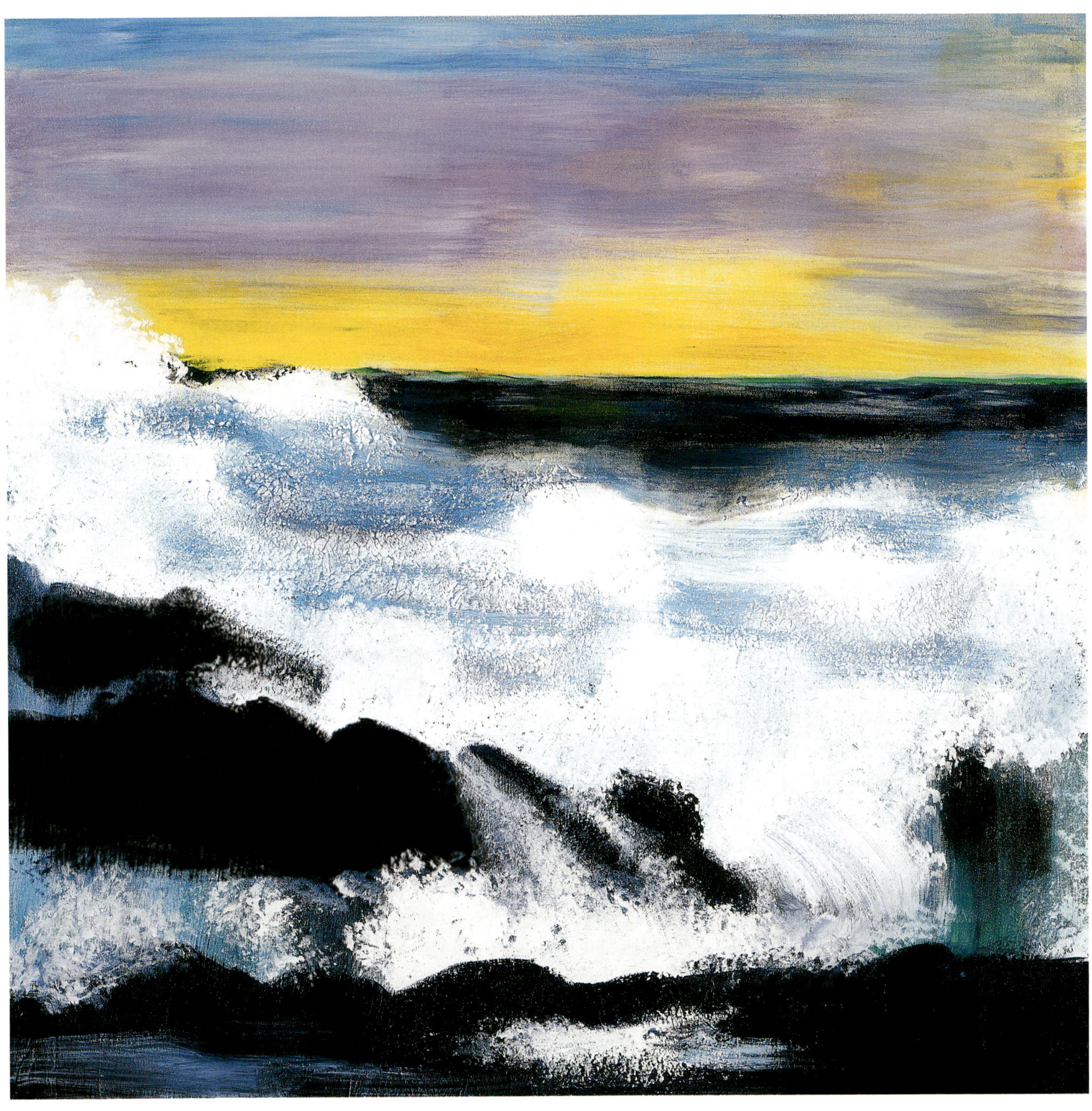

63 JAPANISCHE SEE, 2005, Acryl auf Leinwand, 100 x 100 cm

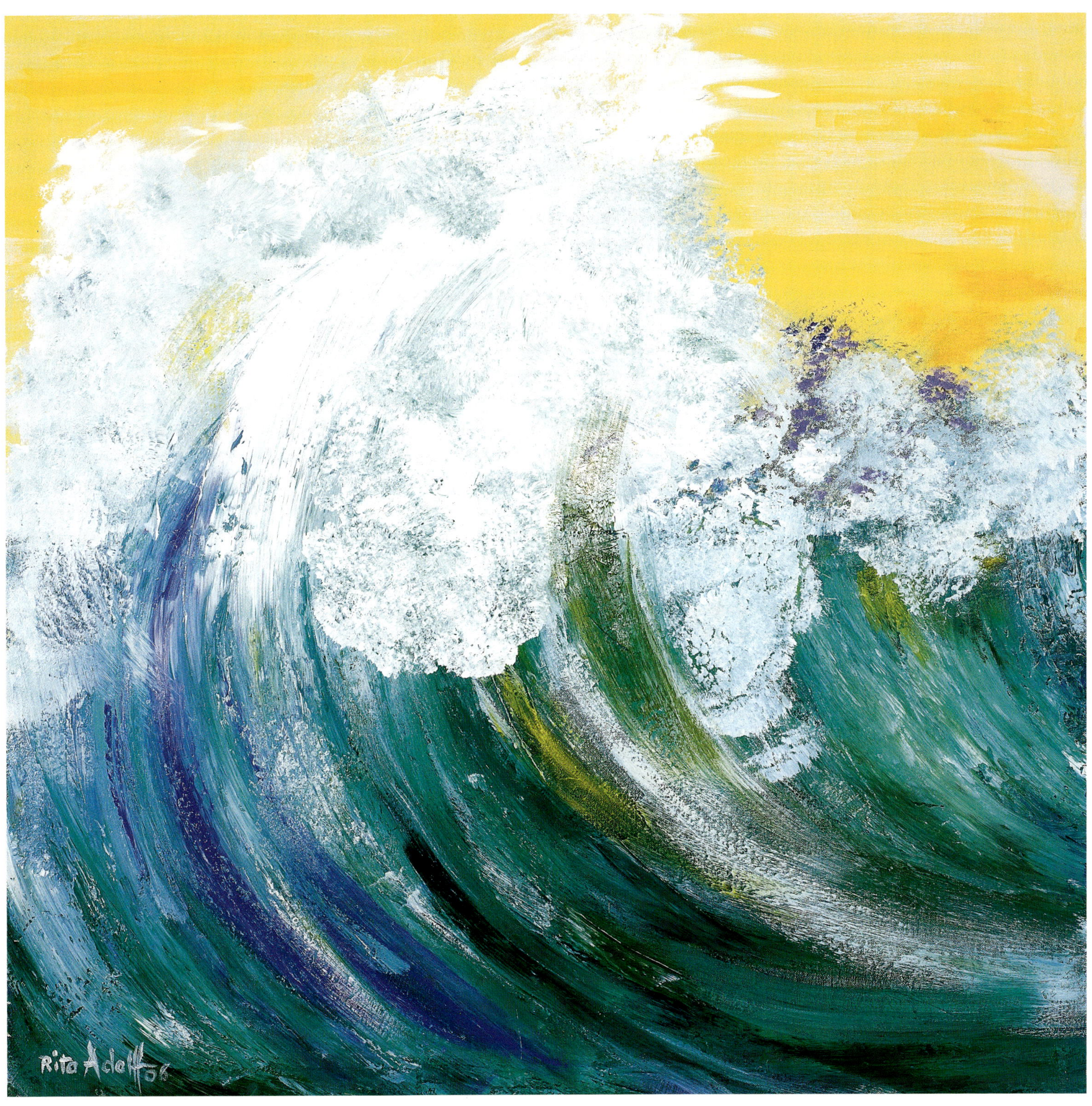

58 Tsunami, 2005, Acryl auf Leinwand, 100 x 120 cm

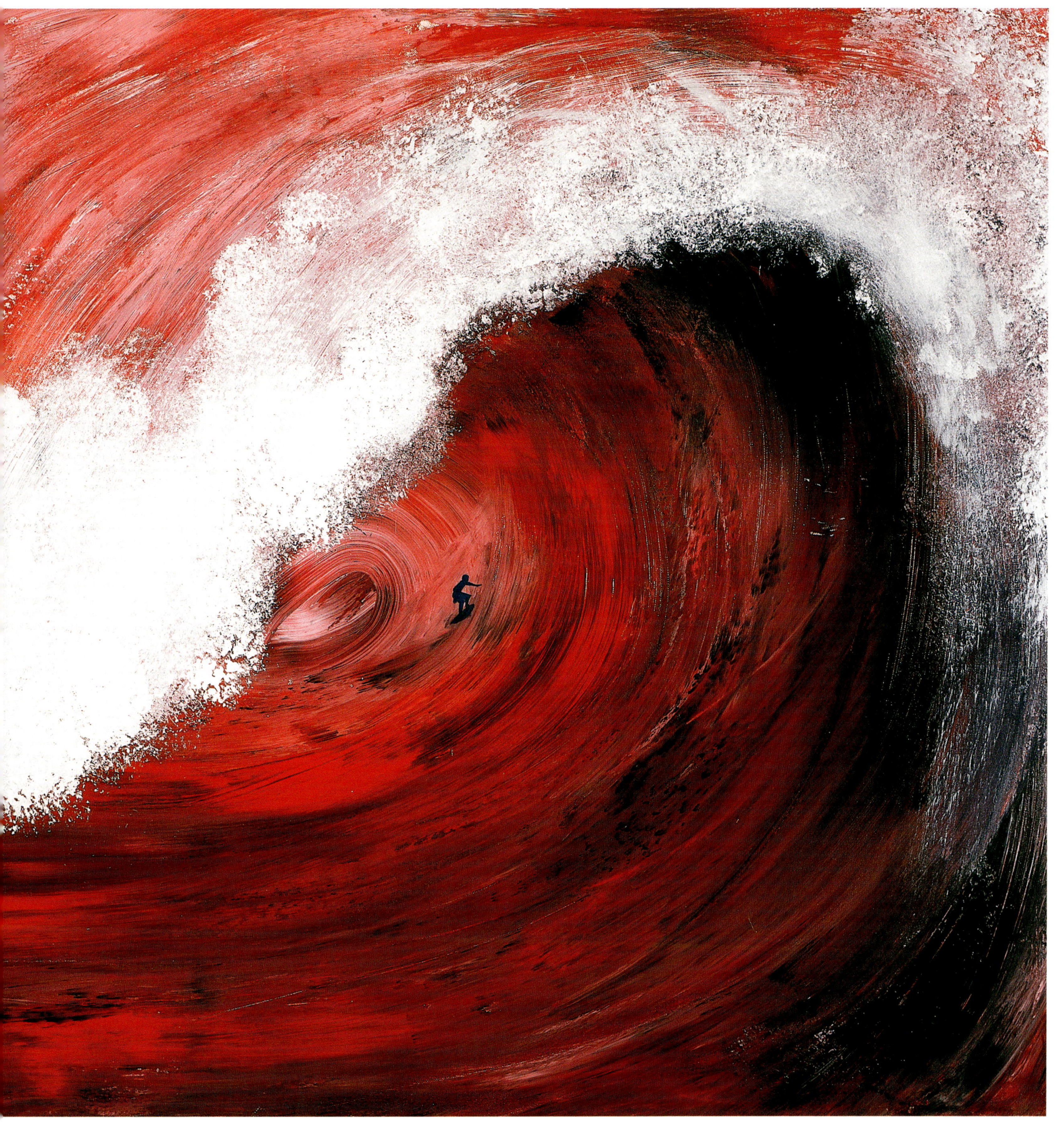

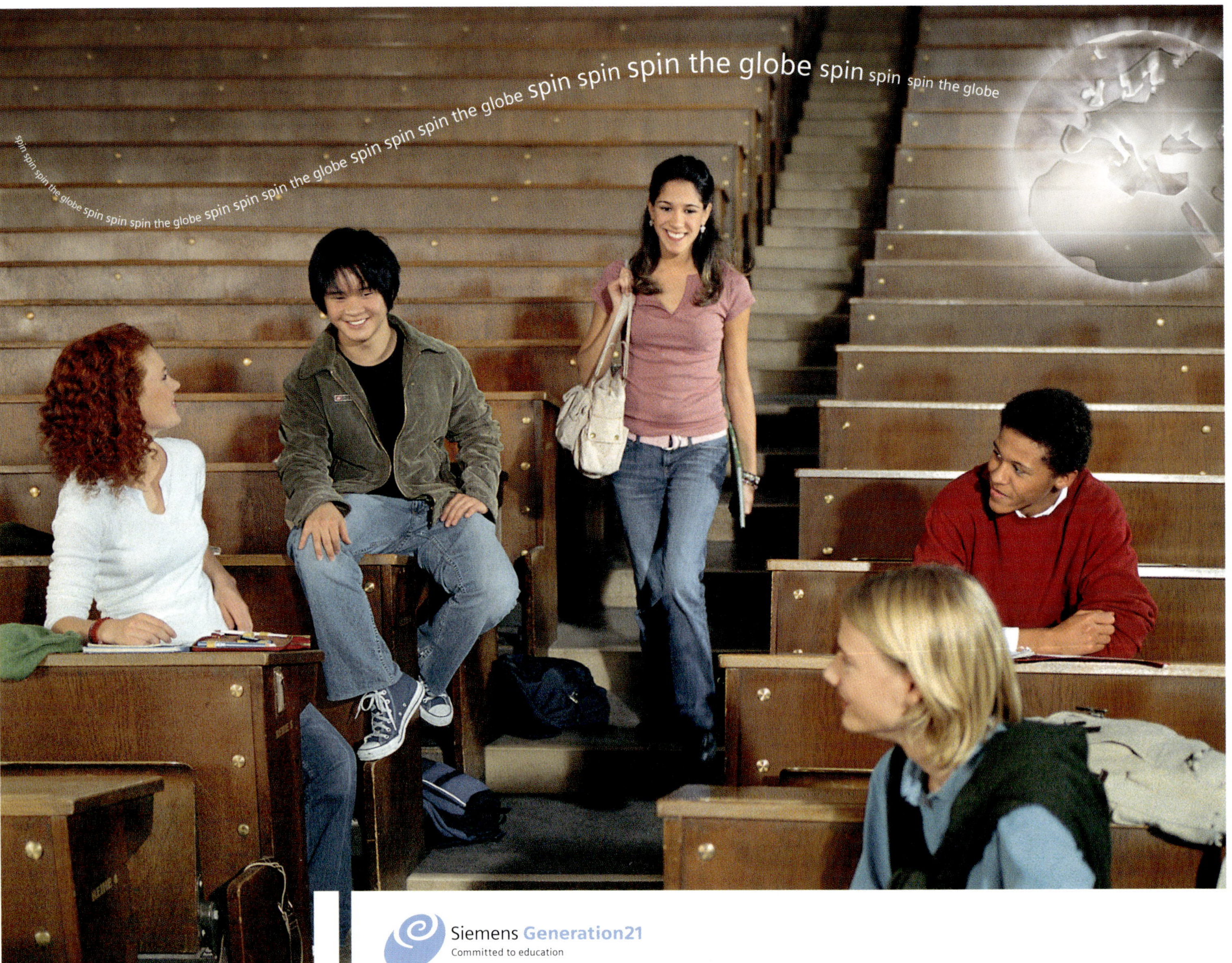

Siemens **Generation21**
Committed to education

Wenn wir an die Zukunft denken, denken wir auch an sie.

Als Unternehmen, das gesellschaftliche Verantwortung über-
nimmt, legen wir mit unserem Bildungsprogramm Generation21
ein besonderes Augenmerk auf die Ausbildung junger Menschen.
Ihnen heute Wissen und Fähigkeiten zu vermitteln heißt, sie
fit für ihren beruflichen Weg zu machen. Denn ihre Zukunft ist
unsere Zukunft.

www.siemens.de/generation21

SIEMENS

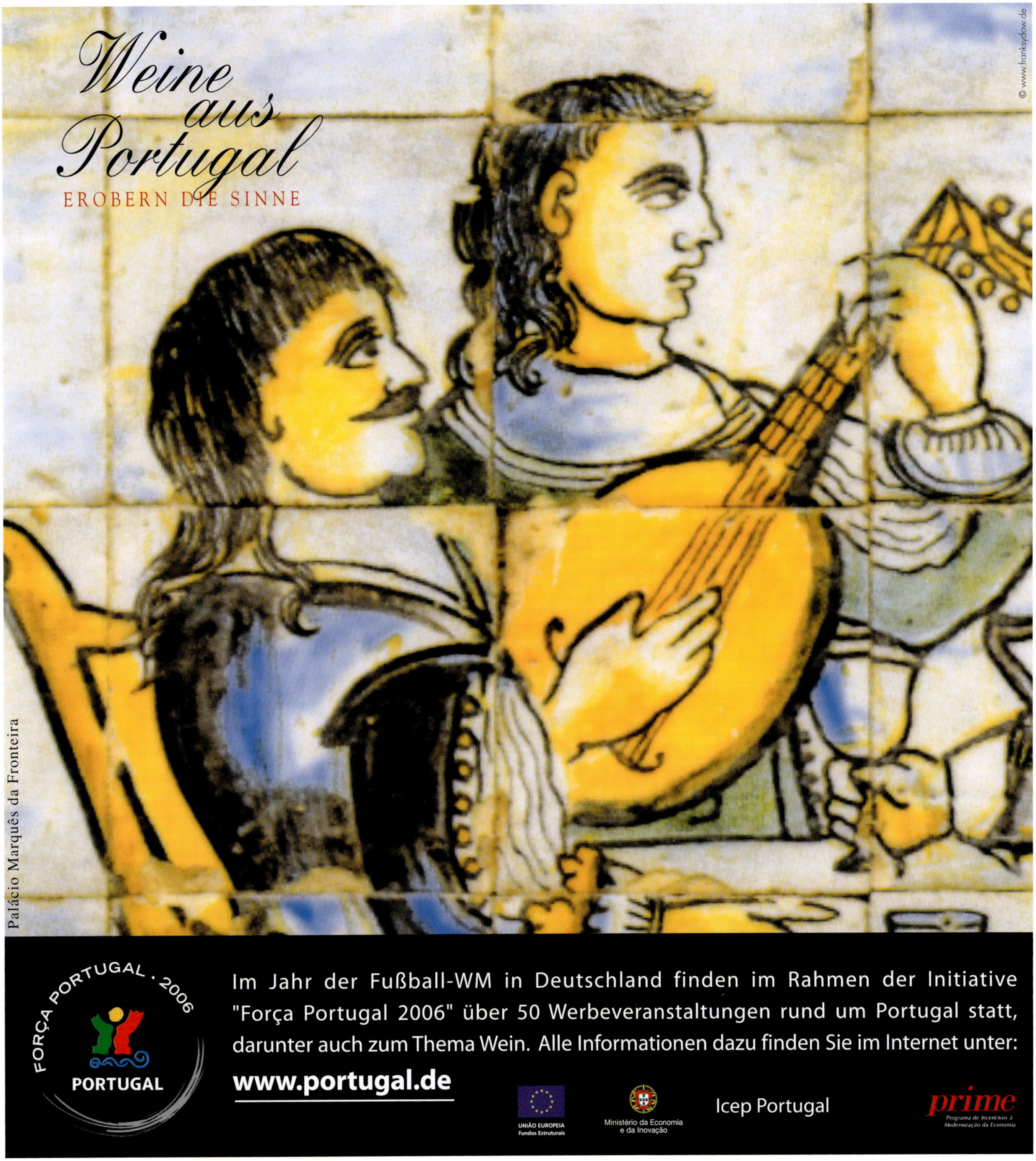

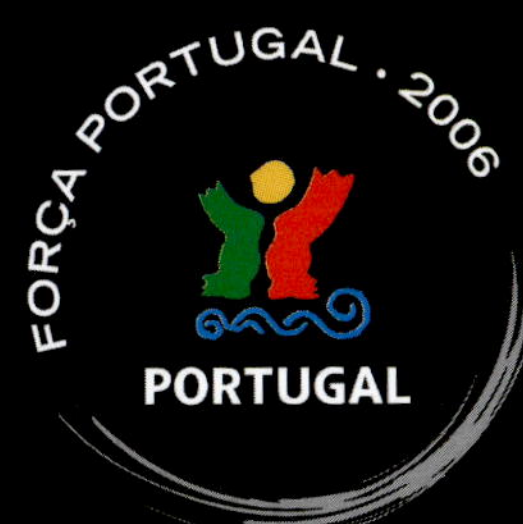

Im Jahr der Fußball-WM in Deutschland finden im Rahmen der Initiative "Força Portugal 2006" über 50 Werbeveranstaltungen rund um Portugal statt, darunter auch zum Thema Wein. Alle Informationen dazu finden Sie im Internet unter:

www.portugal.de

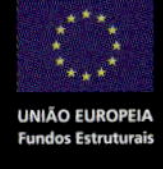

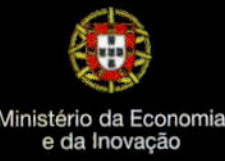

Icep Portugal

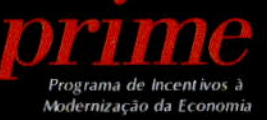

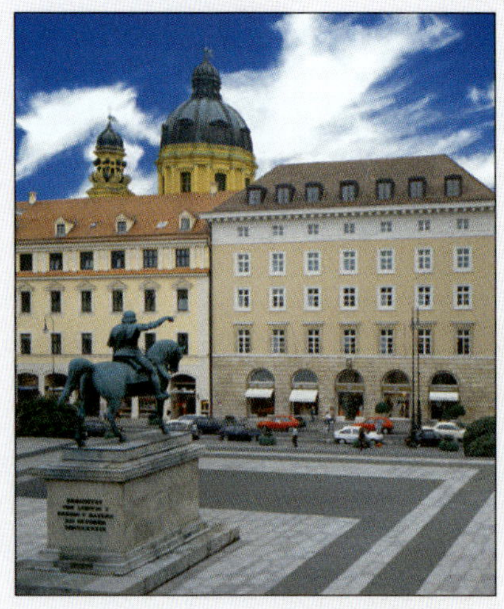

Die Kunst, sich verwöhnen zu lassen

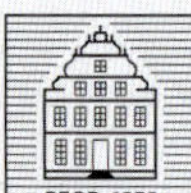

Bankhaus Lampe

Brienner Straße 9 · 80333 München
Telefon 0 89 / 290 35-600
Telefax 0 89 / 290 35-799

www.bankhaus-lampe.de

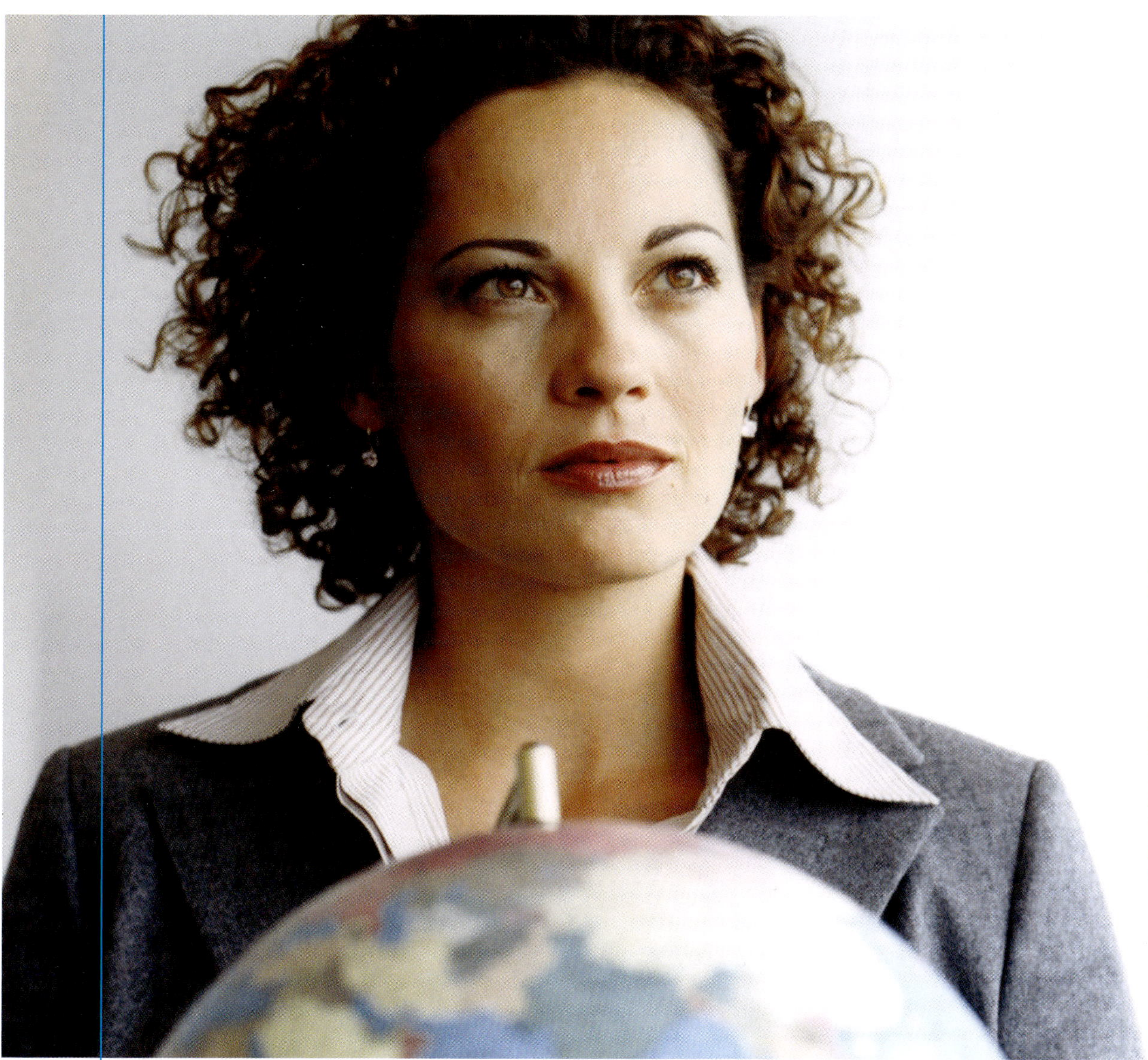

Creative strategies that work!

Durch unsere Ergebnisse werden Visionen Wirklichkeit. Wir beraten international führende Industrie- und Dienstleistungsunternehmen sowie öffentliche Institutionen in allen Fragen der Unternehmensführung von innovativen Strategien bis zur Einführung neuer Geschäftsprozesse und Organisationsstrukturen.

www.rolandberger.com

Roland Berger
Strategy Consultants

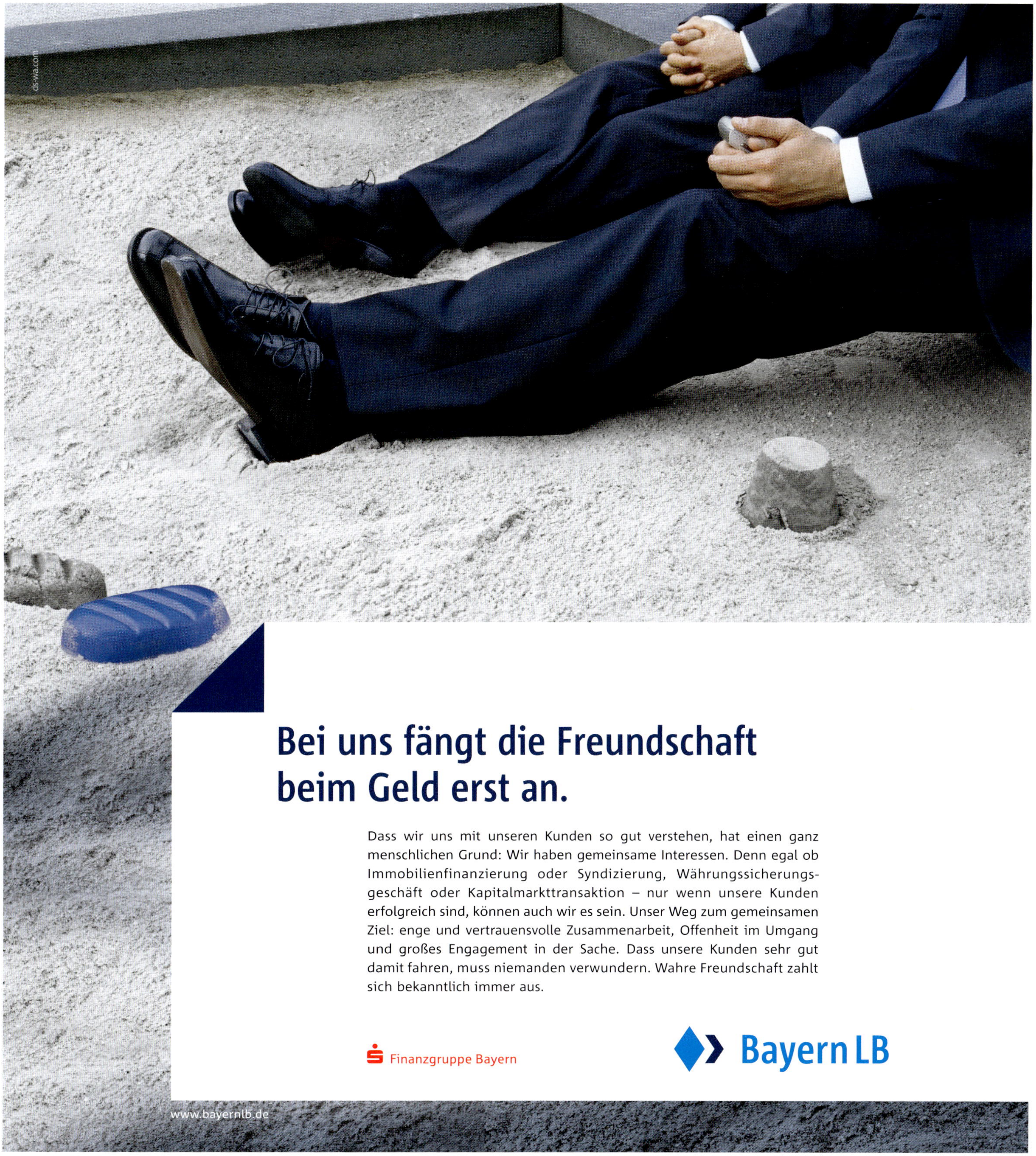

Bei uns fängt die Freundschaft beim Geld erst an.

Dass wir uns mit unseren Kunden so gut verstehen, hat einen ganz menschlichen Grund: Wir haben gemeinsame Interessen. Denn egal ob Immobilienfinanzierung oder Syndizierung, Währungssicherungsgeschäft oder Kapitalmarkttransaktion – nur wenn unsere Kunden erfolgreich sind, können auch wir es sein. Unser Weg zum gemeinsamen Ziel: enge und vertrauensvolle Zusammenarbeit, Offenheit im Umgang und großes Engagement in der Sache. Dass unsere Kunden sehr gut damit fahren, muss niemanden verwundern. Wahre Freundschaft zahlt sich bekanntlich immer aus.

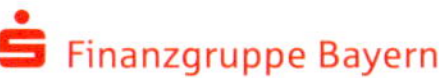

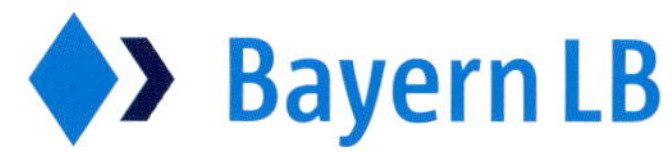

www.bayernlb.de

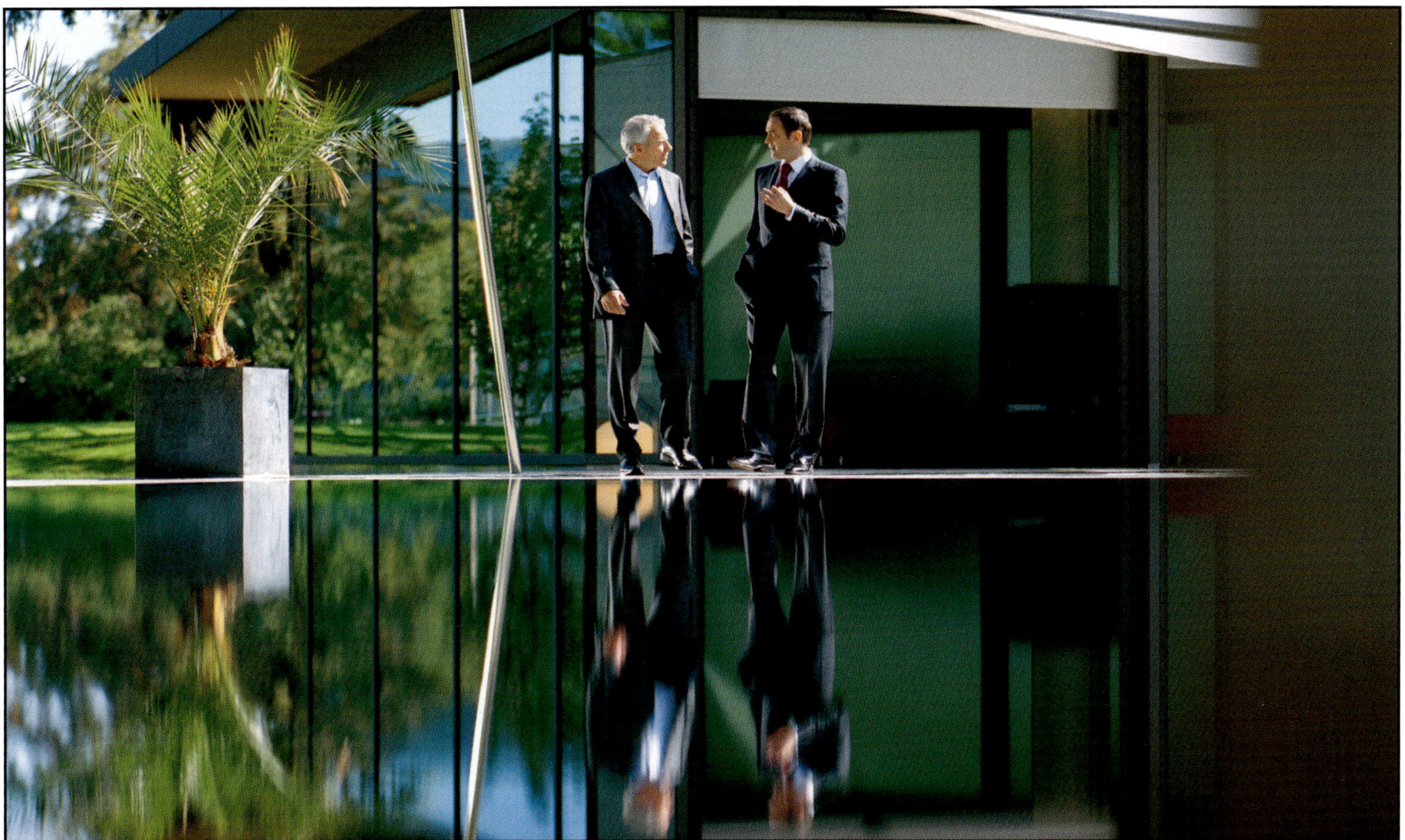

At UBS, managing your wealth starts the way it continues.
With a dialogue.

At UBS Wealth Management, it's the time we take that makes the difference. Our in-depth, one-on-one approach ensures that your adviser understands your financial needs and expectations in detail. So you enjoy an investment solution as individual as you are. With leading investment products and services, expert insight from our global network, and regular monitoring of your portfolio, we provide you with solutions that evolve as your life changes. Offering you an intimate financial partnership with one of the world's leading wealth managers, focused on meeting your needs today and anticipating them tomorrow. The result? A lasting sense of confidence about your financial future. Beginning with our first conversation. You and us.

Welcome to UBS

www.ubs.com

You & Us

UBS Wealth Management

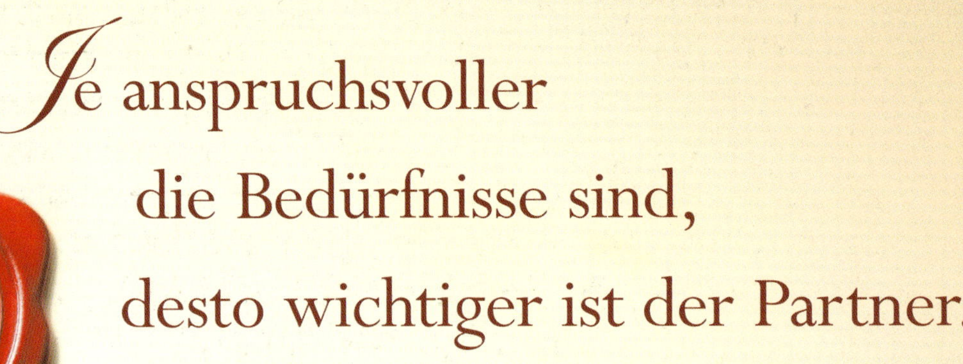

Coutts Bank von Ernst AG
Stauffacherstrasse 1, Postfach
CH-8022 Zürich
Telefon +41 (0)43 245 51 11
www.cbve.com

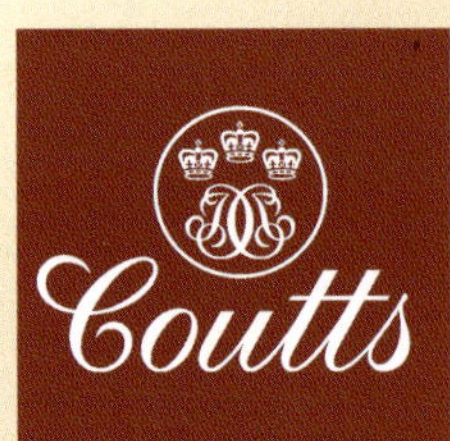

Coutts blickt auf eine 300-jährige Tradition im Private Banking zurück.